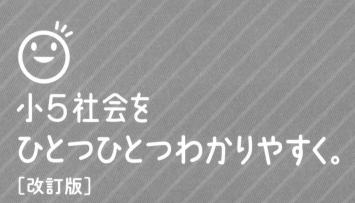

小5社会を
ひとつひとつわかりやすく。

［改訂版］

JN041991

Gakken

☺ ひとつひとつわかりやすく。シリーズとは

やさしい言葉で要点しっかり！

難しい用語をできるだけ使わずに，イラストとわかりやすい文章で解説しています。
社会が苦手な人や，ほかの参考書は少し難しいと感じる人でも，無理なく学習できます。

ひとつひとつ，解くからわかる！

解説ページを読んだあとは，ポイントをおさえた問題で，理解した内容をしっかり定着できます。
テストの点数アップはもちろん，社会の基礎力がしっかり身につきます。

やりきれるから，自信がつく！

1回分はたったの2ページ。
約10分で負担感なく取り組めるので，初めての自主学習にもおすすめです。

☺ この本の使い方

1回10分，読む→解く→わかる！

1回分の学習は2ページです。毎日少しずつ学習を進めましょう。

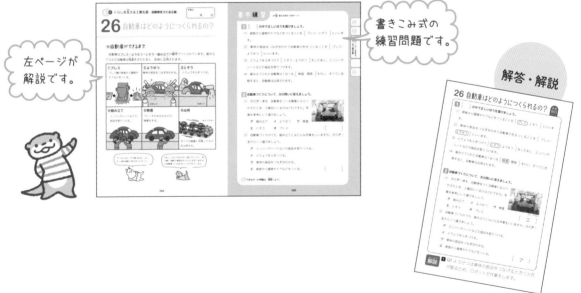

左ページが
解説です。

書きこみ式の
練習問題です。

解答・解説

答え合わせもかんたん・わかりやすい！

解答は本体に軽くのりづけしてあるので，ひっぱって取り外してください。
問題とセットで答えが印刷してあるので，ひとりで答え合わせができます。

復習テストで，テストの点数アップ！

きりのよいところに，これまで学習した内容を確認するための「復習テスト」があります。

😊 学習のスケジュールも，ひとつひとつチャレンジ！

まずは次回の学習予定を決めて記入しよう！

1日の学習が終わったら，もくじページにシールをはりましょう。
また，次回の学習予定日を決めて記入してみましょう。

学習が終わったら
シールをはります。

次回の学習予定日を
決めて記入します。

カレンダーや手帳で，さらに先の学習計画を立ててみよう！

おうちのカレンダーや自分の手帳にシールをはりながら，まずは1週間ずつ学習スケジュールを立ててみましょう。
それができたら，次は1か月のスケジュールを立ててみましょう。

ひとつひとつを
月と金に
やるぞ！

😊 みなさんへ

小学5年の社会科は，国土，地域，気候，食料生産，工業生産，貿易，情報，環境など，さまざまな分野について学習し，中学で習う地理の土台となります。
この本では，学校で習う内容の中でもとくに大切なところを，イラストでまとめています。ぜひ文章とイラストをセットにして，イメージをふくらませながら読んでください。
社会科は用語を覚えることも大切ですが，単純な暗記教科ではありません。基本の流れやしくみを理解して，社会の見方や考え方を身につけましょう。
みなさんがこの本で社会の見方や考え方を身につけ，「社会科はおもしろい」「もっと知りたい」と思ってもらえれば，とてもうれしいです。

もくじ 小5社会

😊 次回の学習日を決めて，書きこもう。
1回の学習が終わったら，巻頭のシールをはろう。

わかる君を探してみよう！

この本にはちょっと変わったわかる君が全部で9つかくれています。学習を進めながら探してみてくださいね。

色や大きさは，上の絵とちがうことがあるよ！

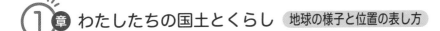

01 日本は地球のどこにある?

★日本はユーラシア大陸の東にある!

地球は6つの大陸と3つの海洋（大洋），そのほかの小さな海からなっています。日本は，そのうちのユーラシア大陸の東にあり，**太平洋**などの海に囲まれています。

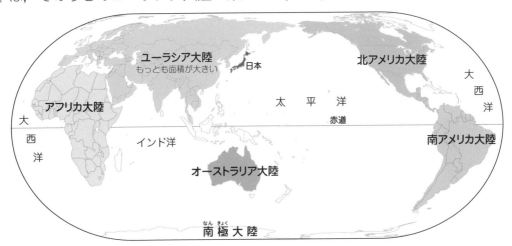

★経度と緯度で地球上の位置がわかる!

地球儀や世界地図に引かれているたての線は**経度**を表す**経線**で，横の線は**緯度**を表す**緯線**です。経度と緯度を使って，地球上の位置を表すことができます。

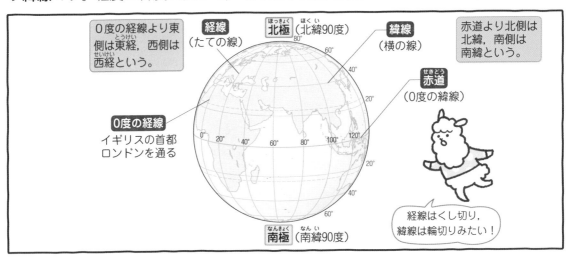

基本練習

→ 答えは別さつ02ページ

1 にあてはまる語句を書きましょう。

(1) 日本は， 　　　　　　　　　大陸の東に位置しています。

(2) 日本は，まわりを海に囲まれている島国で，東と南には，
　　　　　　　　　洋が広がっています。

(3) 地球儀や地図に引かれているたての線を　　　　　　　といいます。

(4) 世界の大陸のうち，最も面積の大きな大陸は　　　　　　　　です。

2 次の図を見て，あとの問いに答えましょう。

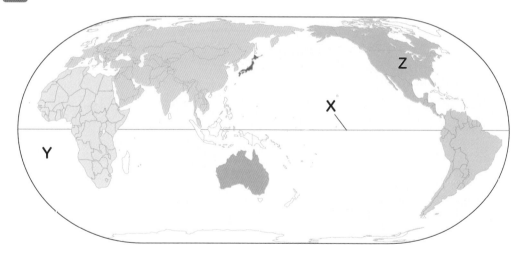

(1) X が示す線は緯度0度の線です。この線を何といいますか。

〔　　　　　　　〕

(2) Y で示した海洋の名前を答えましょう。　〔　　　　　　　〕

(3) Z の大陸の名前を答えましょう。　〔　　　　　　　〕

できなかった問題は，復習しよう。

007

02 世界にはどんな国がある?

★ 世界には190あまりの国がある!

世界には190あまりの国があります。最も面積が大きい国は，**ロシア連邦**です。

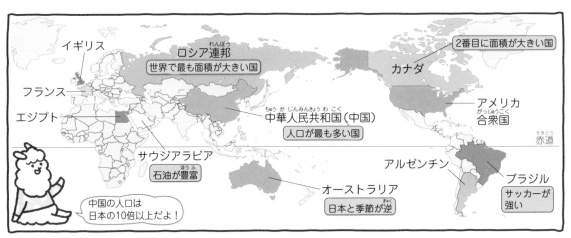

★ 世界にはどんな国旗があるのかな?

どの国の国旗にも大切な意味や由来があります。国旗は国のしるしとして，大切にする必要があります。

フランス

青・白・赤の三色旗。

中国

5つの星が特ちょう。

アメリカ合衆国

星の数は現在の州の数を表している。

カナダ

中央にカナダの象徴のかえでの葉。

ブラジル

中央の円は天体を表している。

オーストラリア

右の5つの星は南十字星を表している。

知っている国旗はいくつあるかな?

基本練習

答えは別さつ02ページ

1 〔　〕の中で正しいほうを選びましょう。

(1) ユーラシア大陸にあり，世界で面積が最も大きい国は

〔　ロシア連邦・ブラジル　〕です。

(2) 日本の真南にあり，日本と季節が逆の国に

〔　オーストラリア・イギリス　〕があります。

(3) 北アメリカ大陸には，アメリカ合衆国や〔　アルゼンチン・カナダ　〕などの国々があります。

(4) アフリカ大陸には〔　サウジアラビア・エジプト　〕などの国々があります。

2 ①〜③の国旗はどこの国のものですか。下の地図のA〜Fから選びましょう。

① 〔　　　　〕　　② 〔　　　　〕　　③ 〔　　　　〕

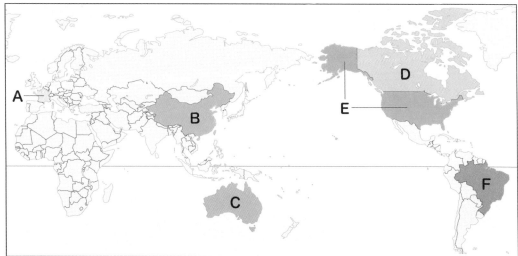

😊 できなかった問題は，復習しよう。

03 日本の範囲はどこまで？

★ 日本は北緯20度～46度にある！

日本の位置を緯度と経度で表すと，およそ**北緯20度～46度**，**東経122度～154度**です。この範囲に**本州**などの島々が約3300kmにわたって連なっています。

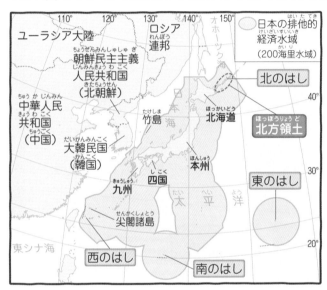

北海道，本州，四国，九州が大きな島だね。

東西南北のはしの島

北のはし…択捉島

東のはし…南鳥島

南のはし…沖ノ鳥島

西のはし…与那国島

日本は領土の広さに対して排他的経済水域が広いよ。

★ 領土をめぐる問題がある

北方領土と**竹島**は日本固有の領土ですが，外国に不法に占領されています。**尖閣諸島**も日本固有の領土ですが，外国から領有を主張されています。

北方領土

ロシア連邦が不法に占領している。

竹島

韓国が不法に占領している。

尖閣諸島

中国が領有を主張しているが，領土問題は存在しない。

基本練習

→ 答えは別さつ02ページ

1 〔　　〕の中で正しいほうを選びましょう。

(1) 日本は，北海道，〔 本州・淡路島(あわじしま) 〕，四国，九州の4つの大きな島と，そのほかの小さな島々からなっています。

(2) 日本は，およそ北緯〔 20度・30度 〕から北緯〔 36度・46度 〕の範囲に位置しています。

(3) 日本は，およそ東経〔 102度・122度 〕から東経〔 134度・154度 〕の範囲に位置しています。

(4) 日本の南のはしは〔 南鳥島・沖ノ鳥島 〕です。

2 右の地図や写真を見て，次の問いに答えましょう。

(1) 次の文の（　　　）にあてはまることばを書きましょう。

日本は，北海道，本州，四国，（ ① ）という4つの大きな島と小さな島々からなる国です。日本のまわりには，**A**の（ ② ），韓国，ロシア連邦などがあります。

① 〔　　　　　〕 ② 〔　　　　　〕

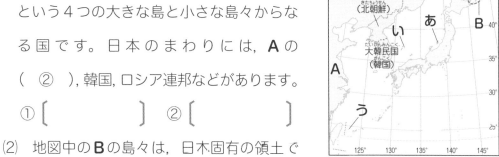

(2) 地図中の**B**の島々は，日本固有の領土ですが，現在(げんざい)ロシア連邦に不法に占領されています。この島々を何といいますか。

〔　　　　　　　〕

(3) 写真の島は日本固有の領土ですが，韓国が不法に占領しています。この島の位置を上の地図の**あ〜う**から1つ選びましょう。

〔　　　　　　　〕

 できなかった問題は，復習(ふくしゅう)しよう。

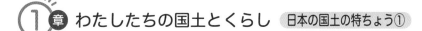

04 日本はどんな地形？

★日本は山がちな地形

日本は山が多く，国土のおよそ **4分の3** が山地です。また，大地の活動が活発で，**火山**が多く，**地震**がよく起こります。

山地が多く，平地は少ない

平地は4分の1しかないよ。

その他

平地 25%

山地 73%

(2019/20年版「日本国勢図会」)

火山が多い

わっ！噴火だ！

でも近くに温泉があるよ。

噴火による被害も出すが，火山の近くには温泉がわくなどのめぐみをもたらす。

★日本の川は短くて急流が多い

山がちな日本では，山地から流れ出す川は一般に **短く，流れが急** です。そのため，大雨がふるとすぐに水量が増え，**こう水**が起こることがあります。

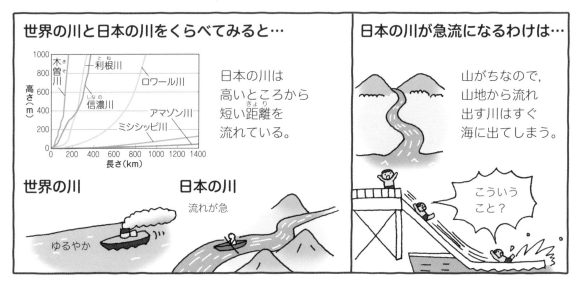

世界の川と日本の川をくらべてみると…

木曽川　利根川　ロワール川　信濃川　アマゾン川　ミシシッピ川

高さ(m)

長さ(km)

日本の川は高いところから短い距離を流れている。

世界の川　　日本の川

ゆるやか　　流れが急

日本の川が急流になるわけは…

山がちなので，山地から流れ出す川はすぐ海に出てしまう。

こういうこと？

1 〔 　 〕の中で正しいほうを選びましょう。

⑴ 日本は，国土のおよそ〔 ４分の１・４分の３ 〕を山地がしめています。

⑵ 日本の川は世界の川とくらべると，〔 短い・長い 〕川が多いです。

⑶ 日本の川は，世界の川とくらべると，流れが〔 急・ゆるやか 〕な川が
多いです。

⑷ 日本は大地の活動が活発な地域にあるため〔 火山・湖 〕が多く，たび
たび噴火して，被害が出ます。

⑸ 日本の川は，大雨がふるとすぐに水量が増えて，〔 こう水・津波 〕な
どの水害が起こりやすいのが特ちょうです。

2 次の問いに答えましょう。

⑴ 日本の川で大雨がふるとこう水が起こりやすい理由を次の**ア**〜**エ**から１
つ選びましょう。

ア 火山が多いから。

イ 大地の活動が活発だから。

ウ 川の長さが短く，流れが急だから。

エ 四季がはっきりしているから。 〔 　 〕

⑵ 右の資料は日本の川と世界の
川をくらべたものです。**ア**〜**カ**
から，日本の川を３つ選びま
しょう。

〔 　 〕〔 　 〕〔 　 〕

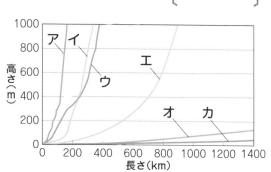

☺できなかった問題は，復習しよう。

05 日本のおもな地形にはどんなものがある?

★多くの山地や山脈がある

本州（ほんしゅう）の中央部には，高さ 3000 m 前後の高い山々が連なる**山脈**が集まっています。川は，**山地**から流れ出し，流域（りゅういき）に**平野**をつくって海に注いでいます。

おもな山地・山脈（さんみゃく）と川・平野，湖

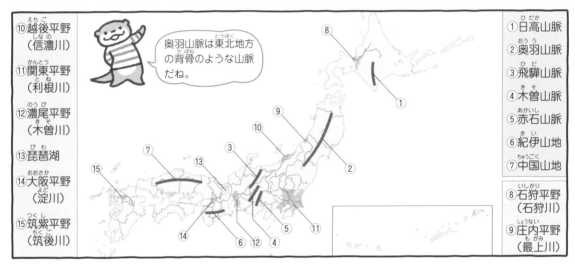

⑩越後（えちご）平野（信濃川）（しなの）
⑪関東（かんとう）平野（利根川）（とね）
⑫濃尾（のうび）平野（木曽川）（きそ）
⑬琵琶湖（びわ）
⑭大阪（おおさか）平野（淀川）（よど）
⑮筑紫（つくし）平野（筑後川）（ちくご）

奥羽山脈は東北地方（とうほく）の背骨のような山脈だね。

①日高山脈（ひだか）
②奥羽山脈（おうう）
③飛驒山脈（ひだ）
④木曽山脈（きそ）
⑤赤石山脈（あかいし）
⑥紀伊山地（きい）
⑦中国山地（ちゅうごく）
⑧石狩平野（いしかり）（石狩川）
⑨庄内平野（しょうない）（最上川）（もがみ）

★さまざまな地形の名前を知ろう

山が集まっている地形や平らになっている土地（平地）があります。

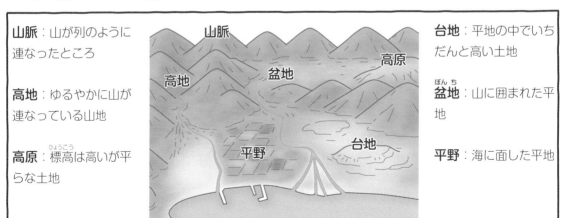

山脈：山が列のように連なったところ

高地：ゆるやかに山が連なっている山地

高原（ひょうこう）：標高は高いが平らな土地

台地：平地の中でいちだんと高い土地

盆地（ぼんち）：山に囲まれた平地

平野：海に面した平地

1 〔　　〕の中で正しいほうを選びましょう。

(1) 北海道や東北地方では，山脈が〔 南北・東西 〕の方向に連なっています。

(2) 〔 九州・本州 〕の中央部には，飛驒山脈や木曽山脈，赤石山脈など，とくに高い山脈が連なっています。

(3) 越後平野には，日本で最も長い〔 信濃・石狩 〕川が流れています。

(4) 利根川は，日本で最も広い〔 関東・庄内 〕平野を流れています。

2 右の図と地図を見て，次の問いに答えなさい。

(1) 図中の**X**は，ゆるやかに山が連なっている山地です。この地形の名前を答えましょう。〔　　　　〕

(2) 図中の**Y**は，山に囲まれた平地です。この地形の名前を答えましょう。〔　　　　〕

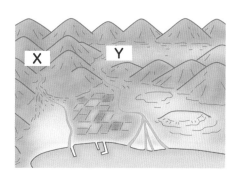

(3) 地図中の**ア〜エ**で示した地形の名前を答えましょう。

ア〔　　　　〕平野
イ〔　　　　〕川
ウ〔　　　　〕山脈
エ〔　　　　〕湖

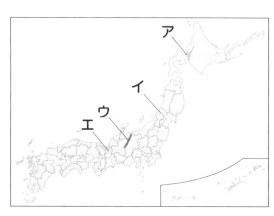

☺ できなかった問題は，復習しよう。

06 低い土地ではどんなくらしをしている？

★低地では水害を防ぐくふうをしている

土地が低いところは，こう水にみまわれやすいです。川ぞいにはんらんを防ぐ堤防をつくったり，いらない水を川に流す**排水機場**をつくったりして**水害**を防いでいます。

川に囲まれた岐阜県海津市では…

大型の排水機場がつくられた

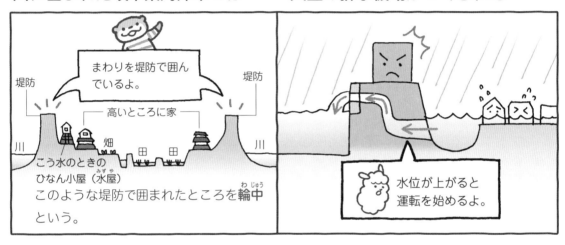

まわりを堤防で囲んでいるよ。

堤防　　　堤防

高いところに家

川　　　畑　田　田　　　川

こう水のときのひなん小屋（水屋）
このような堤防で囲まれたところを**輪中**という。

水位が上がると運転を始めるよ。

★低地での農作業

昔の田は沼のようで，農作業でこしの下まで水につかることがありました。田の広さや形を整えたり，水路をうめ立てたりすることで，機械を使いやすくなり米づくりが効率的にできるようになりました。

整備前の田

整備したあとの田

(河合孝)　　　(海津市歴史民俗資料館)

もともと水が豊富なので米づくりがますますさかんになったよ。

基本練習

→ 答えは別さつ03ページ

1 [　　　　　] にあてはまる語句（ご く）を書きましょう。

(1) 海津市の低地では，昔から家や田畑のまわりを [　　　　　　　] で囲み，水害を防いできました。

(2) 海津市の輪中地域（り いき）では，家は [　　　　　] ところにつくられています。

(3) 田の [　　　　　] や形を整えることで，機械が使いやすくなり，米づくりが効率的にできるようになりました。

(4) いらない水をくみ出す [　　　　　　　] がつくられて輪中の水はけがよくなり，こう水の被害（ひ がい）が少なくなりました。

2 右の写真を見て，次の問いに答えましょう。

(1) **写真1** は，水害から家や田畑を守るために堤防で囲われた土地です。このような土地を何といいますか。 〔　　　　　〕

写真1

(東阪航空サービス／PPS通信社)

(2) **写真2** は，いらない水をポンプでくみ上げて川へ流す機械です。この機械の役割（やくわり）は何ですか。「こう水」ということばを使って書きましょう。

〔　　　　　　　　　　　　　　　　　〕

写真2

(Cynet Photo)

😊 できなかった問題は，復習（ふくしゅう）しよう。

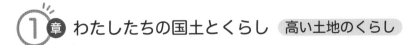
07 高い土地ではどんなくらしをしている?

★高地では高さと気候をいかした農業をしている

　耕地をつくりにくい高地では，地形に合わせた農業のくふうをしています。また，高原では夏でも**すずしい気候**を農業にいかしています。

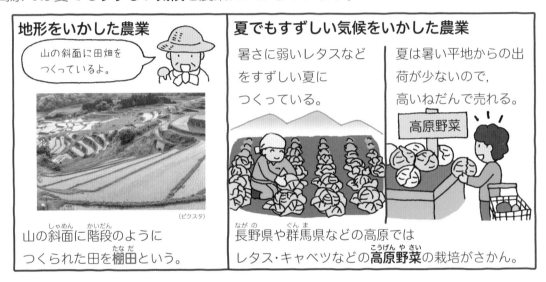

地形をいかした農業

山の斜面に田畑をつくっているよ。

(ピクスタ)

山の斜面に階段のようにつくられた田を**棚田**という。

夏でもすずしい気候をいかした農業

暑さに弱いレタスなどをすずしい夏につくっている。

夏は暑い平地からの出荷が少ないので，高いねだんで売れる。

高原野菜

長野県や群馬県などの高原ではレタス・キャベツなどの**高原野菜**の栽培がさかん。

★キャベツづくりのための開拓

　群馬県嬬恋村は，火山灰におおわれて作物が育ちにくい土地でしたが明治時代に**キャベツ栽培**が始まり，夏のすずしい気候をいかした栽培方法がくふうされました。

開拓前の嬬恋村

土地がやせていて作物が育たない。

開拓後の嬬恋村

くふうしてキャベツが育つようになった！

農事ごよみ

3月	4月	5月	6月	7月	8月	9月	10月

種まき
なえの世話
植え付け
畑の世話
収かく

→ 答えは別さつ03ページ

1 〔　〕の中で正しいほうを選びましょう。

(1) 高原の夏は〔 暑い・すずしい 〕ので，レタスやキャベツの栽培に適しています。

(2) 山の斜面に合わせて階段のようにつくられた田を〔 棚田・乾田 〕といいます。

(3) 嬬恋村は火山灰におおわれて作物が育ちにくい土地でしたが，夏のすずしい気候をいかして〔 キュウリ・キャベツ 〕栽培を始めました。

2 高い土地での農業について，次の問いに答えましょう。

(1) 群馬県でつくられたキャベツの取り扱い量が最も多いのは何月ですか。右のグラフを見て，次のア〜エから1つ選びましょう。

　ア 8月　　イ 1月
　ウ 5月　　エ 10月

東京都の市場でのキャベツの月別取り扱い量

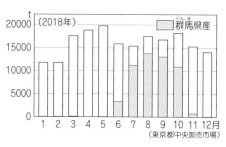

〔　　　　〕

(2) 嬬恋村などの高原でキャベツやレタスの栽培がさかんなのはなぜですか。右の2つのグラフを見て理由を答えましょう。

〔　　　　　　　　　〕

東京と群馬県嬬恋村の月別平均気温

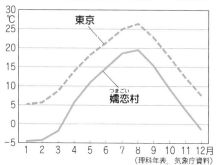

😊 できなかった問題は，復習しよう。

復習テスト ①

1

右の地図を見て，次の問いに答えましょう。　　　　【各6点　計24点】

(1) 地図中の **A** の線は緯度が0度の緯線です。この緯線を何といいますか。

〔　　　　　　　　〕

(2) 地図中の **1** と **2** の大陸の名前を，次の**ア**〜**エ**から1つずつ選びましょう。

ア　ユーラシア大陸　　　イ　オーストラリア大陸

ウ　北アメリカ大陸　　　エ　アフリカ大陸　　**1**〔　　　　　〕 **2**〔　　　　　〕

(3) 地図中の **3** の大陸にある国を次の**ア**〜**エ**から1つ選び，記号で答えましょう。

ア　カナダ　イ　ブラジル　ウ　エジプト　エ　フランス　　〔　　　　　〕

2

次の問いに答えましょう。　　　　【各6点　計36点】

(1) 次の各文の（　　　）には，東・西・南・北のどれがあてはまりますか。それぞれ漢字で書きましょう。

① 日本の南のはしはおよそ（　　　）緯20度である。　　〔　　　　　〕

② 日本は，ユーラシア大陸の（　　　）に位置している。　〔　　　　　〕

③ 日本の（ **あ** ）には日本海があり，（ **い** ）と南には太平洋がある。

あ〔　　　　　〕 **い**〔　　　　　〕

(2) 日本の国土の特ちょうについて正しく説明している文を，次の**ア**〜**エ**から2つ選びましょう。　　〔　　　　　〕〔　　　　　〕

ア　国土の約4分の3は山地である。　　イ　地震はほとんどない。

ウ　火山が少ない。　　エ　日本の川は，短くて流れが急である。

→ 答えは別さつ13ページ

学習日		得点
月	日	/100点

3

右の地図を見て，次の問いに答えましょう。　　　　【各6点　計18点】

(1) 高さ3000ｍ前後の高い山々が連なっている木曽山脈は，地図中の**ア〜エ**のどれですか。記号で答えましょう。

〔　　　　　　〕

(2) 次の各文にあてはまる川を，地図中の**あ〜え**から１つずつ選びましょう。

① 日本でもっとも長い川で，越後平野を流れている。

〔　　　　　　〕

② 日本でもっとも広い平野を流れている。

〔　　　　　　〕

4

次の問いに答えましょう。　　　【(1)は各6点，(2)は10点　計22点】

(1) 高い土地にみられるくらしを，次の**ア〜エ**から２つ選びましょう。

ア 夏にキャベツやレタスなどの野菜を栽培している。

イ 川の分水路をつくったり，排水をよくしたりするくふうをしている。

ウ 冬に，きゅうりなどの夏野菜を栽培している。

エ 斜面に階段のように田をつくった棚田がみられる。

〔　　　　　〕〔　　　　　〕

(2) 右の図は岐阜県海津市の低地にみられる輪中とよばれる地域のようすです。この地域で昔からこのようなくふうをしてきた理由をかんたんに書きましょう。

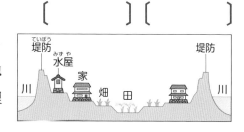

〔　　　　　　　　　　　　　　　　　　　〕

08 日本の気候の特色は？

★ 四季のちがいがはっきりしている!

日本は春・夏・秋・冬の変化がはっきりしています。また，国土が南北に細長いので，**南と北**で気温がかなりちがいます。**土地の高さ**によっても気温がちがいます。

南北で気温がちがう

南から気温が
上がるため，
桜は南のほうが
早くさく。

北海道では
5月ごろ

東京では
3月ごろ

沖縄では
1月ごろ

土地が高いところは気温が低い

夏なのに
すずしいよ〜!

いいなあ，高原は
すずしくて。

★ 季節風がふき，つゆや台風のえいきょうを受ける

季節によってふく方向が変わる風を**季節風**といいます。季節風は，日本の気候に大きなえいきょうをあたえています。また，6〜7月にかけては**つゆ（梅雨）**があります。

つゆ(梅雨)がある

6〜7月にかけて雨がふり
続く期間をつゆという。

今日も
雨かあ…。

北海道にはつゆはない。

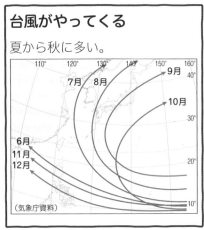

台風がやってくる

夏から秋に多い。

7月　8月　9月
10月
6月
11月
12月

（気象庁資料）

つゆや台風の雨はこ
まることもあるけど，
農業用水や飲み水と
して大切なんだよ。

1 ☐ にあてはまる語句を書きましょう。

(1) 日本の気候の特色の１つに，春・☐・☐・冬のちがいがはっきりしていることがあげられます。

(2) 日本の気候にえいきょうをあたえている風で，季節によってふく方向が変わる風を☐といいます。

(3) ６〜７月に雨の日が続く期間を☐といいます。

(4) 土地の☐ところほど気温が低くなります。

2 日本の気候について，次の問いに答えましょう。

(1) 日本の気候の特色として正しくないものを，次のア〜エから１つ選びましょう。

　ア　地域によって降水量の多い時期がちがう。

　イ　季節風のえいきょうを受ける。

　ウ　降水量は１年中どの月もだいたい同じである。

　エ　つゆや台風のときに雨が多くなる。　　〔　　　　〕

(2) 太平洋側の地域では，夏から秋にかけて降水量が多くなっています。この時期に日本をおそい，強い風と大雨で被害をもたらすこともある気象現象を何といいますか。

〔　　　　　　〕

☺ できなかった問題は，復習しよう。

09 季節風は日本の気候にどんなえいきょうをあたえている？

★冬の季節風は日本海(にほんかい)側に雪をふらせる

　冬は，**大陸から北西の冷たい季節風**がふきます。日本海でしめり気をふくんだこの風が山地にぶつかると，その手前に雪をふらせ，山地をこえるとかわいた風になります。

季節によってふく方向が変わるから，季節風と言うんだね。

★夏の季節風は太平洋側に雨をふらせる

　夏は，**太平洋からあたたかい南東の季節風**がふきます。太平洋でしめり気をふくみ，太平洋側に多くの雨をふらせます。

基本練習

→ 答えは別さつ04ページ

1 〔 　 〕の中で正しいほうを選びましょう。

(1) 日本では冬の季節風は, 〔 大陸・太平洋 〕からふきます。

(2) 日本では夏の季節風は, 〔 大陸・太平洋 〕からふきます。

(3) 冬の降水量が多いのは 〔 日本海側・太平洋側 〕です。

(4) 冬の季節風は, 日本海側の山ぞいの地域（ちいき）に多くの 〔 雨・雪 〕をふらせます。

(5) 日本では, 季節風は, 〔 夏・冬 〕は北西からふき, 〔 夏・冬 〕は南東からふきます。

2 右の地図を見て, 次の問いに答えましょう。

(1) 地図中の**A**と**B**は, 季節によってふく方向がことなる季節風の向きを示（しめ）したものです。このうち, 冬の季節風を示しているのは, どちらですか。　〔 　　　　 〕

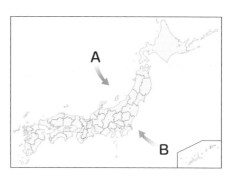

(2) 季節風のえいきょうで夏の降水量が多くなるのは日本海側と太平洋側のどちらですか。

〔 　　　　　　 〕

😊 できなかった問題は, 復習（ふくしゅう）しよう。

10 あたたかい地域のくらしは？

★あたたかい沖縄県では3〜4月から泳げる!

沖縄県は1年中あたたかく，美しい海が広がっています。夏や秋に**台風**におそわれることが多いので，伝統的な家では**強風を防ぐくふう**がみられます。

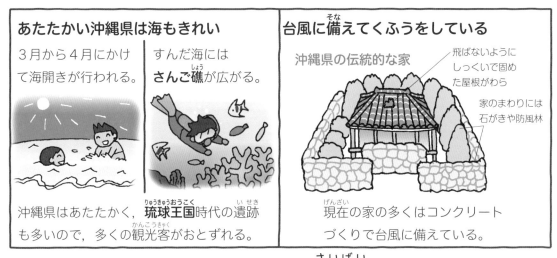

あたたかい沖縄県は海もきれい

3月から4月にかけて海開きが行われる。

すんだ海には**さんご礁**が広がる。

沖縄県はあたたかく，**琉球王国**時代の遺跡も多いので，多くの観光客がおとずれる。

台風に備えてくふうをしている

沖縄県の伝統的な家

飛ばないようにしっくいで固めた屋根がわら

家のまわりには石がきや防風林

現在の家の多くはコンクリートづくりで台風に備えている。

★あたたかい土地で育つ作物の栽培がさかん

沖縄県では，あたたかい気候に合った農業が行われています。作物では，**さとうきび**などが栽培され，**野菜の早づくり（促成栽培）**もさかんです。

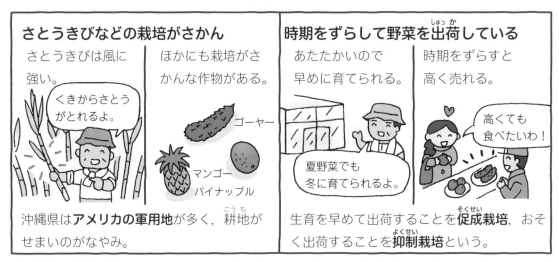

さとうきびなどの栽培がさかん

さとうきびは風に強い。

くきからさとうがとれるよ。

ほかにも栽培がさかんな作物がある。

ゴーヤー
マンゴー
パイナップル

沖縄県は**アメリカの軍用地**が多く，耕地がせまいのがなやみ。

時期をずらして野菜を出荷している

あたたかいので早めに育てられる。

夏野菜でも冬に育てられるよ。

時期をずらすと高く売れる。

高くても食べたいわ！

生育を早めて出荷することを**促成栽培**，おそく出荷することを**抑制栽培**という。

基本練習

→ 答えは別さつ04ページ

1 ☐ にあてはまる語句を書きましょう。

(1) 沖縄県のあたたかく,すんだ海には ☐ 礁が広がっています。

(2) 沖縄県では,夏から秋にかけてたびたび ☐ が通るため,大雨や強風による被害が出ます。

(3) 沖縄県の伝統的な家では,屋根の ☐ をしっくいで固め,強風で飛ばないようにしています。

(4) 沖縄県は自然が美しく, ☐ 王国時代の遺跡も多いので,多くの観光客がおとずれます。

2 沖縄県について,右のグラフを見て次の問いに答えましょう。

(1) 小ぎくが冬に多く出荷されているのはなぜですか。次の**ア～ウ**からその理由を1つ選びましょう。

ア 日照時間が長いから。

イ あたたかい気候だから。

ウ 台風が多く通るから。

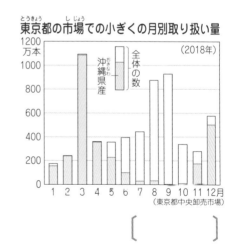

東京都の市場での小ぎくの月別取り扱い量

〔　　　　　〕

(2) 沖縄県で栽培がさかんな作物を,次の**ア～エ**から1つ選びましょう。

ア すいか　　**イ** みかん　　**ウ** マンゴー　　**エ** りんご

〔　　　　　〕

😊 できなかった問題は,復習しよう。

11 寒い地域のくらしは？

★寒さを防ぎ、寒さをいかしている

北海道や東北地方などの寒くて雪が多い地域では、家のつくりをくふうしています。また、雪まつりなどを開いて楽しんだり、観光をさかんにしたりしています。

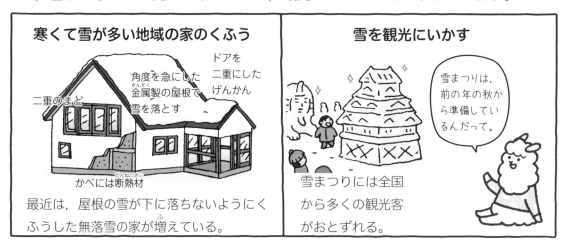

寒くて雪が多い地域の家のくふう

角度を急にした金属製の屋根で雪を落とす

ドアを二重にしたげんかん

二重のまど

かべには断熱材

最近は、屋根の雪が下に落ちないようにくふうした無落雪の家が増えている。

雪を観光にいかす

雪まつりは、前の年の秋から準備しているんだって。

雪まつりには全国から多くの観光客がおとずれる。

★自然を生かした農業が行われている

北海道の十勝平野などでは、夏のすずしい気候や広い土地をいかし、**大きぼな畑作**が行われています。また、**酪農**もさかんです。

寒さに強い作物を栽培

てんさい（さとうの原料）

あずき

じゃがいも

北海道では、広い耕地で大型機械を使って大きぼに栽培している。

酪農もさかん

土地が広いから乳牛をたくさん放牧できるよ。

乳牛を飼育し、牛乳やバターなどを生産する農業を酪農という。

1 ［　　　　　］にあてはまる語句を書きましょう。

(1)　雪の多い地域では，屋根に積もる雪をかたむきが［　　　　　］な金属

製の屋根で落としていましたが，最近は，屋根の下に雪が落ちないように

くふうした無落雪の家が増えています。

(2)　雪の多い地域では，雪まつりなどの行事を行って，全国から多く

の［　　　　　］客に来てもらえるように努めています。

(3)　北海道では十勝平野などで，［　　　　　］というさとうの原料にな

る作物の栽培がさかんです。

(4)　北海道で大きぼな畑作がさかんなのは，土地が［　　　　　］からです。

(5)　北海道では，乳牛を育てて牛乳やバターなどを生産する［　　　　　］

がさかんです。

2 右の絵を参考に，雪が多い地域で見られる家のくふうを次のア～エから2

つ選びましょう。

ア　屋根がわらをしっくいで固

めている。

イ　まどは二重になっている。

ウ　家のまわりを石垣で囲んでいる。

エ　かべに断熱材を使っている。

　　　　　　　　　　　　　　　　　〔　　　〕〔　　　〕

☺ できなかった問題は，復習しよう。

1章 わたしたちの国土とくらし②

1 次の文を読んで，あとの問いに答えましょう。 【各5点 計25点】

日本では，①季節によってふく方向が変わる風が気候に大きなえいきょうをあたえます。また，②6〜7月ごろに雨の日が続く時期や，夏から秋にかけて日本をおそう（　　　）によって，多くの雨がふることも日本の気候の特色です。

(1) ①の風を何といいますか。また，右の図は，①の風のふき方を示しています。このように風がふく季節は夏と冬のどちらですか。

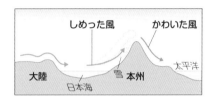

風〔　　　　　　　　〕 季節〔　　　　　　　　〕

(2) ①の風のえいきょうで，日本は（　　　）の変化がはっきりしています。（　　　）にあてはまる語句を漢字2字で書きましょう。

〔　　　　　　　　　　　　〕

(3) 下線部②のことを何といいますか。 〔　　　　　　　　　　　　〕

(4) 文中の（　　　）にあてはまる語句を書きましょう。 〔　　　　　　　　　　　　〕

2 北海道と沖縄県のくらしについて，次の問いに答えましょう。【各5点 計40点】

(1) 北海道と沖縄県のくらしの特色にあてはまる文を，次の**ア〜エ**から2つずつ選びましょう。

ア 風に強いさとうきびの栽培がさかんである。

イ まどやげんかんを二重にした家が多い。

ウ 乳牛を飼育して牛乳やバターを生産する酪農がさかんである。

エ 気候をいかして夏野菜を早い時期に出荷する。

北海道〔　　　　　〕〔　　　　　〕 沖縄県〔　　　　　〕〔　　　　　〕

(2) 北海道と沖縄県では，気候などをいかした観光業がさかんです。次ページの①〜④は北海道と沖縄県のどちらかの観光業に関係があります。どちらに関係

→ 答えは別さつ14ページ

学習日	得点
月　　　日	／100点

があるか，それぞれ書きましょう。

① すんだ海にさんご礁が広がる。　② 雪をいかした雪まつりが行われる。

③ 琉球王国時代の遺跡がある。　④ ３月から４月に海びらきが行われる。

①〔　　　　　　〕 ②〔　　　　　　〕

③〔　　　　　　〕 ④〔　　　　　　〕

3

右の地図中の**あ～う**の都市は気候の特色がちがいます。これについて，次の問いに答えましょう。

【(2)は10点，他は各5点　計35点】

(1) **あ～う**の都市の気候の特色を説明した文を，次の**ア～ウ**から１つずつ選びましょう。

ア 夏は雨が多く，冬は晴れの日が多い。

イ 夏・冬とも雨が少なく，冬は寒さがきびしい。

ウ 冬は雪の日が多く，降水量が多い。

あ〔　　　　　〕 い〔　　　　　〕

う〔　　　　　〕

(2) **あ**と**う**の都市の気候のちがいにえいきょうをおよぼしている風には，どのような特色がありますか。「季節」，「方向」という語句を使って，かんたんに書きましょう。

〔　　　　　　　　　　　　　　　　　　　　　　　　　　　　　　　〕

(3) **い**の都市の気候の特色について説明している次の文のA，Bにあてはまる語句を書きましょう。

この地域では，（　A　）がまわりの（　B　）にさえぎられるので，１年を通して雨が少なくなります。

A〔　　　　　　〕 B〔　　　　　　〕

12 米づくりのさかんな地域はどこ？

★米づくりに合っているのはどんなところ？

　米づくりは，水が豊かで肥よくな土があり，夏の気温が高くなるところが適しています。また，春から秋にかけての日照時間が長いことも重要です。

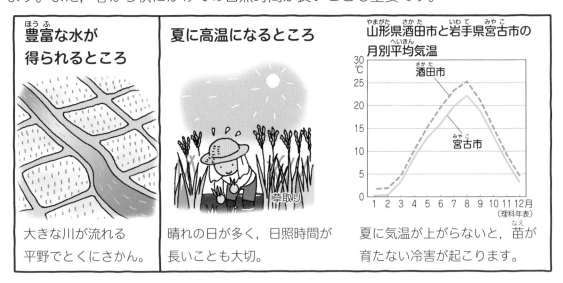

豊富な水が得られるところ
大きな川が流れる平野でとくにさかん。

夏に高温になるところ
晴れの日が多く，日照時間が長いことも大切。
草取り

山形県酒田市と岩手県宮古市の月別平均気温
酒田市
宮古市
夏に気温が上がらないと，苗が育たない冷害が起こります。
（理科年表）

★米づくりがさかんな都道府県はどこ？

　米の収かく量がとくに多いのは**東北地方**の県や**新潟県**，**北海道**などです。米づくりがさかんな地域では，耕地面積の中でも水田のしめる割合が大きくなっています。

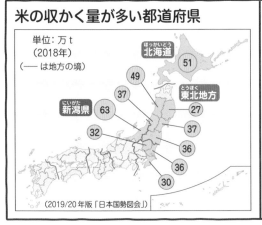

米の収かく量が多い都道府県
単位：万t
（2018年）
（―― は地方の境）
北海道　51
49
37
新潟県　63
32
東北地方
27
37
36
36
30
（2019/20年版「日本国勢図会」）

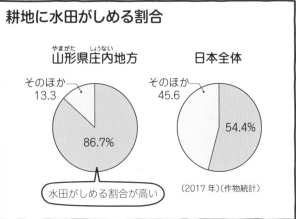

耕地に水田がしめる割合

山形県庄内地方
そのほか　13.3
86.7%
水田がしめる割合が高い

日本全体
そのほか　45.6
54.4%
（2017年）（作物統計）

基本練習

→ 答えは別さつ04ページ

1 ［　　　］にあてはまる語句を書きましょう。

(1) 米づくりは，川が流れ，［　　　］が豊富なところでさかんです。

(2) 米の収かく量がとくに多いのは，［　　　］地方の県と，新潟県や北海道などです。

(3) 米づくりには，夏の気温が［　　　］ことも重要です。

2 右の資料を見て，次の問いに答えましょう。

(1) **資料①**を見て，次の①・②の
［　　　］にあてはまることば
や数字を書きましょう。

　　米の収かく量は，

① ［　　　］地方がもっとも多
く，全体の約

② ［　　　］分の1をしめている。

資料① 米の地方別収かく量の割合

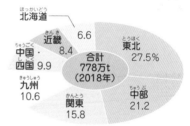

北海道 6.6
近畿 8.4
中国・四国 9.9
九州 10.6
東北 27.5%
中部 21.2
関東 15.8
合計 778万t（2018年）

（2019/20年版「日本国勢図会」ほか）

(2) **資料②**から読み取れることとして，正しいものを次の**ア〜エ**から2つ選びましょう。

ア 酒田市のほうが夏の日照時間が長い。

イ 酒田市のほうが夏の降水量が多い。

ウ 酒田市は日本海に面している。

エ 酒田市のほうが夏の気温が高い。

［　　　］［　　　］

資料② 酒田市と宮古市の月別平均気温と月別日照時間

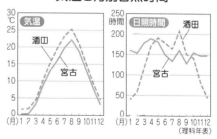

（理科年表）

😊 できなかった問題は，復習しよう。

13 米はどのようにしてつくられるの？

★米づくりにはよい土をつくることが大事!

米づくりは，よい土をつくり，じょうぶな苗を育てることから始まります。**田植え**をして，水の量を調節しながら稲を育て，稲のほが実ると**稲かり**をします。

トラクターや田植え機などの農業機械を使って，効率的に作業をしています。

4月ごろ 苗を育てる

りっぱな稲になるんだぞ。

ビニールハウスで温度を調節しながら育てる。

4月ごろ 田おこし・代かき

田植えをしやすい土にするんだ。

トラクター

田おこし（土を耕す）のあと，水を入れて平らにならす（代かき）。

5月ごろ 田植え

田植え機

育てた苗を植える。

9月ごろ 稲かり・だっこく

コンバイン

稲かりをしたもみは出荷までカントリーエレベーターなどに保管。

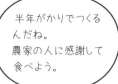

半年がかりでつくるんだね。
農家の人に感謝して食べよう。

1 □にあてはまることばを書きましょう。

(1) 米づくりは，土づくりとともに，ビニールハウスなどを利用しながら，

じょうぶな □ を育てるところから始まります。

(2) 田植えの前には，田おこしや □ をして，田植えが

しやすい土をつくります。

2 次の米づくりについての写真を見て，あとの問いに答えましょう。

(1) Ⓐ〜Ⓓの作業にあてはまるものを，下の**ア**〜**エ**から選びましょう。

Ⓐ Ⓑ Ⓒ Ⓓ

（4点とも Cynet Photo）

ア 代かき **イ** 稲かり **ウ** 田植え **エ** 苗づくり

Ⓐ [ ] Ⓑ [ ]

Ⓒ [ ] Ⓓ [ ]

(2) Ⓐ〜Ⓓを作業が始まる順番にならべかえましょう。

[→ → →]

(3) 次の①・②にあてはまる作業をⒶ〜Ⓓから１つずつ選びましょう。

① 作業にはコンバインが使われることが多い。 [ ]

② 水をはった田を，平らにする。 [ ]

:) できなかった問題は，復習しよう。

14 米はどのようにしてとどけられる?

★ 消費者に米がとどくまでを見てみよう!

　稲かりをしたもみは**カントリーエレベーター**に持っていき, かんそうさせて保管します。米が農家からわたしたちにとどくまでの**流通経路**はいくつかあります。

農家（生産者）

カントリーエレベーターのしくみ

一定の温度と湿度で貯蔵

収かくしたもみを受け取る

かんそう

玄米にしてふくろづめ

出荷

かんそうきとサイロがエレベーターで結ばれている。

農業協同組合（JA）のカントリーエレベーター

インターネットなどで注文

米屋やスーパーマーケットなど

全国の高速道路・国道

主な高速道路
主な国道

札幌

福岡　大阪　京都
仙台
名古屋　横浜　東京

0　　300km

わたしたち（消費者）

基本練習

→ 答えは別さつ05ページ

1 ［ ］にあてはまる語句を書きましょう。

(1) 収かくしたもみは ［　　　　　　　　　　　　　　　　　　　］でかんそう

させて保管されます。

(2) 米の多くは，(1)に保管されたあと，

［　　　　　　　　　　　　　　　　　　　］を通して米屋やスーパーマーケッ

トに出荷されます。

(3) 消費者は自宅のパソコンなどから，米を直接［　　　　　　　　　　　　　］

で注文することができます。

(4) 国内で米を運ぶときには，全国に張りめぐらされた

［　　　　　　　　　　　　　　　　　］が活用されています。

2 右の写真を見て，次の問いに答えましょう。

(1) 右の写真は，米が出荷されるまでに保管され

ているしせつです。このしせつの名前を答えま

しょう。

〔　　　　　　　　　　　　　〕

(ピクスタ)

(2) 消費者の元に米がとどくまでの流れとしてま

ちがっているものを，**ア〜エ**から１つ選びましょう。

ア 米屋に出荷する。

イ 消費者に田まで買いに来てもらう。

ウ インターネットで注文を受けて出荷する。

エ スーパーマーケットに出荷する。　　　　〔　　　　〕

😊 できなかった問題は，復習しよう。

15 米の生産を増やすくふうは?

★ よい品種を開発したり, 耕地整理をしたりする

米づくりのさかんな地域では, よりよい米の品種をつくりだすための研究を進めています。また, 農作業をしやすくするための**耕地整理**が行われています。

品種改良でよい米をつくる

> この稲とこの稲をかけ合わせて…

> できた!

味のよい品種　病気に強い品種　味がよく, 病気や寒さにも強い品種

ちがう品種をかけ合わせて, 新しい品種をつくることを品種改良という。

耕地整理(ほ場整備)をする

田が小さくて形が整っていないと…

> 機械が使えなくて作業がたいへん。

> 大型機械が使いやすくなったよ!

田の形を整えて広くしたり, 用水路・排水路を整備したりする。

★ 機械化を進めたり, 肥料をくふうしたりする

農作業をおもに人の手で行っていた昔にくらべ, **機械が普及**して農作業にかかる時間が短くなりました。また, 最近は化学肥料にたよらない米づくりも行われています。

機械化で生産性アップ

しかし問題も…

> トラクター
> (約600万円)

> 機械を使えば効率が上がるけど…

> 費用がねえ…

大型農業機械は費用が高いのが農家のなやみ。

➡ ほかの農家と共同で買って, 費用をおさえる。

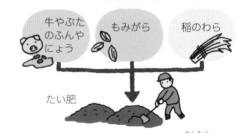

たい肥も使って, 安心・安全な米をつくる

牛やぶたのふんやにょう　もみがら　稲のわら

たい肥

化学肥料や農薬は, 使いすぎると環境や人体に悪いえいきょうがある。自然の力を利用したたい肥などを使う**有機農業**が増えている。

基本練習

→ 答えは別さつ05ページ

1 〔　　〕の中で正しいほうを選びましょう。

(1) ちがう品種のよいところをかけ合わせて，新しい品種をつくることを〔 品種改良 ・ 生産調整 〕といいます。

(2) 農作業は，〔 機械 ・ 工業 〕化が進む前までは，おもに人の手で行われていました。

(3) 耕地整理（ほ場整備）をして田を〔 広く ・ 小さく 〕整えると，大型機械を使った農作業がしやすくなります。

(4) 牛やぶたのふんにょうに，もみがら・わらなどをまぜた〔 化学肥料 ・ たい肥 〕は自然の力を利用した環境にやさしい肥料です。

2 次の①～③の文ともっとも関係の深いことばを，あとのア～カから１つずつ選びましょう。

① 環境や健康を大切にするために，農薬や化学肥料をできるだけ使わず，たい肥を使う取り組みがさかんになっています。　〔　　　　　〕

② ちがう品種のよいところをかけ合わせて，新しい品種をつくり出し，おいしい米をつくろうとする研究が進んでいます。　〔　　　　　〕

③ 田の形を整えて広くしたり，用水路・排水路を整備したりすることで，農家の労働時間が短くなりました。　〔　　　　　〕

　　ア　カントリーエレベーター　　イ　耕地整理

　　ウ　品種改良　　エ　有機農業　　オ　代かき

　　カ　抑制栽培

できなかった問題は，復習しよう。

16 農家が困っていることって？

★日本人が米をあまり食べなくなった

日本人の主食は米ですが，米の消費量（食べる量）は減ってきています。そのため米があまるようになり，米の生産をおさえる政策（**生産調整**）が行われました。

米の消費量が減って，米があまるようになった	1960年代後半から米の生産調整が行われた	米の消費量を増やすために
生産を増やそうと努力してきたのに…。 消費量 生産量	米以外の作物をつくってください。 え～！転作するの？	米粉パン 無洗米
1960年代から米の生産量が消費量を上回るようになった。	近年，生産調整が見直され，農家が米の生産量を自由に決められるようになった。	米からつくった粉を使った食品や，無洗米（とがずにたける米）がつくられた。

★農業をやめる人が多くなった

近年，米づくりなど農業の仕事をする人が減っています。そのため，農家は効率よく米づくりをしたり，消費者に米のみりょくを伝える取り組みをしたりしています。

農業人口は年々減少

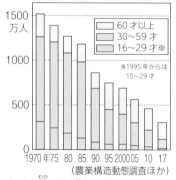

60才以上
30～59才
16～29才※

※1995年からは15～29才

1500万人
1000
500
0
1970年 75 80 85 90 95 2000 05 10 17
（農業構造動態調査ほか）
とくに若い人が減っている。

働き手が減っていることへの対策

農業機械を共同で使う

種もみのじかまきなどの新しい技術

農業体験

共同でヘリコプターを使って農薬をまくなど。

米づくりの手間を減らす。

消費者に米づくりのみりょくを伝える。

1 〔　　　〕の中で正しいほうを選びましょう。

(1) 日本では，〔　米・肉　〕の消費量が減ってきています。

(2) 米が〔　あまる・不足する　〕ようになったため，1960年代後半から米の生産調整が行われるようになりました。

(3) 米の粉を使った食品や無洗米をつくることで，米の〔　消費・生産　〕量を増やす取り組みが行われています。

(4) 1960年代末から行われた米の生産調整によって，米以外の作物をつくる〔　転作・二毛作　〕が行われるようになりました。

2 次の米づくりについての資料を見て，問いに答えましょう。

(1) 1970年と比べて，2017年の農業人口はどのように変化していますか。右の**資料あ**を見て答えましょう。

〔　　　　　　　　　　　　　　　　　　　〕

(2) **資料い**を見て，次の〔　　　　　〕にあてはまることばを書きましょう。

　資料いを見ると，1960年代後半から1970年代後半にかけて，米の①〔　　　　〕量が②〔　　　　〕量を上回ることが多くなり，米があまるようになった。そのため政府は，生産調整を行った。

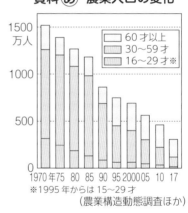

資料あ　農業人口の変化

60才以上
30〜59才
16〜29才※

※1995年からは15〜29才
（農業構造動態調査ほか）

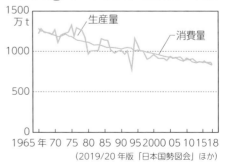

資料い　米の生産量と消費量の変化

生産量
消費量

（2019/20年版「日本国勢図会」ほか）

😊 できなかった問題は，復習しよう。

17 野菜・くだものの生産がさかんな地域はどこ？

★野菜はさまざまな地域でつくられる

あたたかい地域やすずしい地域，大都市に近い地域などで，それぞれの特ちょうに合った野菜づくりが行われています。

★くだものは地域の地形や気候に合わせてつくられる

くだものは，それぞれの地形や気候に合ったところでつくられています。

基本練習

→ 答えは別さつ06ページ

1 〔　〕の中で正しいほうを選びましょう。

(1)　あたたかい地域やすずしい地域では，野菜を〔 高い ・ 安い 〕ねだん

で売るため，ほかの地域と時期をずらして出荷するくふうをしています。

(2)　くだもののぶどうやももの生産は

〔 雨の多いところ ・ 水はけのよいところ 〕でさかんです。

(3)　大都市に近い地域の野菜づくりは，大都市に野菜を〔 早 ・ 高 〕く，

新鮮なうちにとどけることができます。

2 右の資料の**あ**と**い**は，あるくだものの収かく量が上位３位までの県をそ

れぞれ表しています。これを見て，次の問いに答えましょう。

(1)　**あ**と**い**のくだものは何ですか。次の**ア～エ**

から１つずつ選びましょう。

ア　ぶどう　　イ　みかん

ウ　りんご　　エ　もも

あ〔　　　　〕**い**〔　　　　〕

(2)　**あ**と**い**のくだものの生産は，どんな地域で

さかんですか。次の**ア～エ**から１つずつ選び

ましょう。

ア　水はけのよい盆地　　イ　大きな川が流れている平野

ウ　冬でもあたたかい，山のしゃ面

エ　夏もすずしく，水はけのよい地域

あ〔　　　　〕**い**〔　　　　〕

できなかった問題は，復習しよう。

18 畜産がさかんな地域はどこ？

★畜産は広い土地があるところでさかん

　肉牛や乳牛，ぶた，にわとりを育てて，肉やたまご，牛乳をつくる農業を**畜産業**といいます。えさの牧草がよく育つ広い土地があるところでさかんです。

畜産がさかんな地域

都道府県別の肉牛の飼育頭数
単位：万頭（2018年）
全国　251万頭
（10万頭以上の都道府県）

33 鹿児島
13 熊本
25 宮崎
北海道 53

（2019/20年版「日本国勢図会」）

畜産業のなやみ

家畜の飼料（えさ）は輸入が多く，その費用がかかる。

★酪農はすずしく，広い土地があるところでさかん

　畜産のうち，乳牛を育てて乳をとり，牛乳やチーズをつくることを**酪農**といいます。乳牛は暑さに弱いので，酪農はすずしい地域でさかんに行われています。

酪農がさかんな地域

都道府県別の乳牛の飼育頭数
単位：万頭（2018年）
全国　133万頭
（4万頭以上の都道府県）

北海道 79
岩手 4
栃木 5
熊本 4

（2019/20年版「日本国勢図会」）

乳牛は暑さに弱いので，夏にすずしい北海道でさかんだよ。

基本練習

→ 答えは別さつ06ページ

1 ［　　　　］にあてはまる語句を書きましょう。

(1) 肉牛や乳牛, ぶた, にわとりを育てて, 肉やたまご, 牛乳を生産する農

業を ［　　　　　　　］業といいます。

(2) 乳牛の飼育は ［　　　　　　　　］でもっともさかんです。

(3) 乳牛を飼育して乳をとり, 牛乳やバター, チーズなどをつくることを

［　　　　　　　］といいます。

2 次の資料を見て, あとの問いに答えましょう。

資料あ　　　資料い

(ピクスタ)

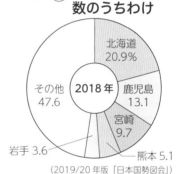

資料う ある家畜の飼育数のうちわけ

その他 47.6 / 北海道 20.9% / 2018年 / 鹿児島 13.1 / 宮崎 9.7 / 熊本 5.1 / 岩手 3.6

(2019/20年版「日本国勢図会」)

(1) **資料あ**の □ の地域で, **資料い**の農業がさかんなわけを, 次の**ア～エ**か

ら1つ選びましょう。　　　　　　　　　　　［　　　　　］

ア　大都市に近いから。　　イ　水にめぐまれ, 肥えた耕地が多いから。

ウ　夏に雨が多いから。　　エ　広い土地があるから。

(2) **資料う**の家畜は何ですか。次の**ア～エ**から1つ選びましょう。

ア　ぶた　　イ　肉牛　　ウ　乳牛　　エ　肉用にわとり

［　　　　　］

😊 できなかった問題は, 復習しよう。

1

次の米づくりの仕事について，あとの問いに答えましょう。　【各8点　計24点】

ア　田植え　　　イ　水の管理　　　ウ　稲かり・だっこく　　　エ　代かき

(1)　ア〜エの仕事を，行われる順番にならべかえ，記号で答えましょう。

[　　→　　　→　　　→　　]

(2)　右の写真は，ア〜エのどの仕事の様子ですか。1つ選び，記号で答えましょう。　[　　　]

(3)　右の写真の仕事では，どんな機械が使われますか。次のア〜ウから1つ選びましょう。　[　　　]

(Cynet Photo)

ア　トラクター　　　イ　カントリーエレベーター　　　ウ　コンバイン

2

次の米づくりのくふうについて，あとの問いに答えましょう。【各7点　計28点】

①　化学肥料だけにたよらず，たい肥を使う。 ②　田の形を整えて広くする。 ③　ちがう品種の稲のよいところを集めて，新しい品種をつくり出す。

(1)　①〜③を行う目的として，もっともあてはまるものを，次のア〜ウから1つずつ選びましょう。

ア　農業機械を使いやすくする。

イ　環境にやさしい米づくりをする。

ウ　味がよく，病気や寒さなどに強い稲をつくる。

①[　　　]　②[　　　]　③[　　　]

(2)　③のことを何といいますか。　　　　　　　　　　[　　　　　]

答えは別さつ14ページ

学習日	得点
月　　　日	／100点

3

右の資料を見て，次の問いに答えましょう。　　　　　【各8点　計24点】

(1) 日本では，1960年代後半から米の生産調整が行われるようになりました。その理由について，**資料1**からわかることを「生産量」，「消費量」の語句を使って書きましょう。

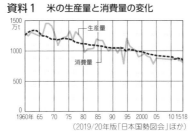
資料1　米の生産量と消費量の変化
（2019/20年版「日本国勢図会」ほか）

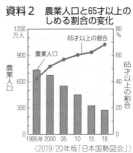
資料2　農業人口と65才以上のしめる割合の変化
（2019/20年版「日本国勢図会」）

〔　　　　　　　　　　　　　　　　　　　　　　　　　　　　　　　　〕

(2) **資料2**について正しく説明している文を，次の**ア〜エ**から2つ選びましょう。

ア　農業で働く人は年々減っている。

イ　農業で働く人のうち，65才以上のしめる割合は年々減っている。

ウ　2018年の農業で働く人は約500万人である。

エ　2018年の65才以上の割合は約70％である。　　〔　　　〕〔　　　〕

4

次の①〜③の農業のくふうや努力を，あとの**ア〜ウ**から1つずつ選び，記号で答えましょう。　　　　　【各8点　計24点】

① 大都市の近くでは，大都市向けに野菜を栽培している。　　〔　　　〕

② 高原では，夏でもすずしい気候をいかしてキャベツやレタスなどの野菜をつくっている。　　　　　　　　　　　　　　　　　　　　　　〔　　　〕

③ 北海道では，乳牛を飼育して牛乳やバターなどを生産する農業がさかんである。　　　　　　　　　　　　　　　　　　　　　　　　　　〔　　　〕

ア　広い土地をいかせる。　　**イ**　新鮮な作物を速く出荷できる。

ウ　出荷時期をずらすことで，高いねだんで売れる。

19 水産業がさかんな地域はどこ?

★暖流と寒流が出合う場所に魚が集まる

日本の近海には，暖流と寒流が流れていて，これらの海流に乗っていろいろな魚が集まります。

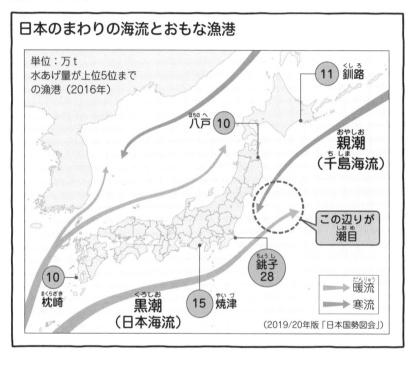

日本のまわりの海流とおもな漁港

単位：万t
水あげ量が上位5位までの漁港（2016年）

11 釧路

八戸 10

親潮（千島海流）

この辺りが潮目

銚子 28

10 枕崎

黒潮（日本海流）

15 焼津

→ 暖流
→ 寒流

（2019/20年版「日本国勢図会」）

水産業は，海・川・湖の魚や貝などをとったり育てたりする産業だよ。

★海の中の様子や地形を見てみよう!

とくに暖流と寒流が出合うところ（潮目）や大陸だなはよい漁場です。プランクトンは海などにすむ，とても小さい生物で魚のえさになります。

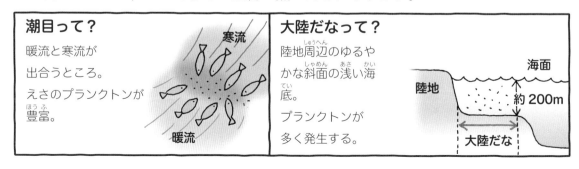

潮目って？

暖流と寒流が出合うところ。
えさのプランクトンが豊富。

寒流

暖流

大陸だなって？

陸地周辺のゆるやかな斜面の浅い海底。
プランクトンが多く発生する。

海面

陸地

約200m

大陸だな

1 〔　　〕の中で正しいほうを選びましょう。

(1)　日本の太平洋側を流れている寒流は，

〔　親潮（千島海流）・ リマン海流　〕です。

(2)　日本の日本海側を流れている暖流は，

〔　対馬海流 ・ 黒潮（日本海流）　〕です。

(3)　〔　東北地方 ・ 九州地方　〕の太平洋側の沖には暖流と寒流が出合うと

ころがあり，魚のえさが豊富で，よい漁場になっています。

(4)　陸地周辺には，〔　大陸だな・海溝　〕とよばれるゆるやかな斜面の浅

い海底が広がり，魚のえさが豊富で，魚が集まります。

2 右の地図と図を見て，次の問いに答えましょう。

(1)　次の文の（　　）の中で正しいほうを選び，

記号で答えましょう。

水あげ量の多い漁港は，①（　**ア**　太平洋

イ　日本海 ）側に多い。また北海道地方や東北

地方のほか，②（　**ア**　近畿　　**イ**　九州 ）地

方にも水あげ量の多い漁港が多い。

①〔　　　　　〕　②〔　　　　　〕

日本のおもな漁港

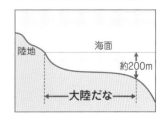

単位：万t
水あげ量が5万t以上
の漁港（2016年）

⑪ 釧路
⑩ 八戸
⑧ 気仙沼
⑨ 石巻
⑩ 境
⑦ 長崎
28 銚子
⑧ 松浦
⑮ 焼津
⑩ 枕崎

（2019/20年版「日本国勢図会」）

(2)　右の図の大陸だなとよばれる地形では，魚のえ

さとなる小さい生物が豊富です。これをカタカナ

6字で何といいますか。

〔　　　　　　　　　〕

日本周辺の海底の地形

陸地　　　　海面
約200m
大陸だな

😊 できなかった問題は，復習しよう。

学習日　　月　　日

20 魚はどうやってとるの？①

★ まきあみ漁などの方法でとる

　魚をとる方法（漁法）には，一度にたくさんの魚をとるのに合った**まきあみ漁**や，光に集まってきたさんまをぼう受けあみでとる漁などがあります。

まきあみ漁（あじ，さば，いわしなど）
①あみで魚の群れを囲む。
②あみの底をとじて引き上げる。

さんま漁　光に集まるさんまの習性を利用し，夜に集魚灯の光でさんまを集めて，あみを引き上げる。

★ 漁業のくふう

　漁船は，**魚群探知機**などの機械や潮の流れなどから判断して，魚の群れを見つけています。漁は天候に大きくえいきょうを受けるので，船の上でも天気や波，漁場の情報を集めながら漁を行います。

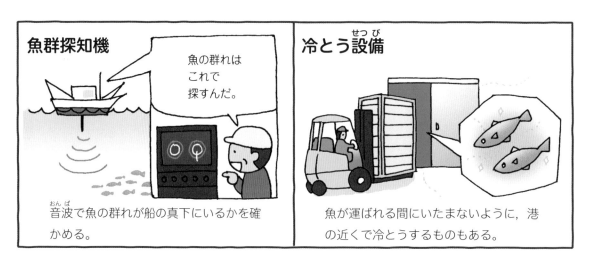

魚群探知機
魚の群れはこれで探すんだ。
音波で魚の群れが船の真下にいるかを確かめる。

冷とう設備
魚が運ばれる間にいたまないように，港の近くで冷とうするものもある。

基本練習

→ 答えは別さつ06ページ

1 〔　　　〕の中で正しいほうを選びましょう。

⑴　あみで魚の群れを囲み，あみの底をとじて引き上げてとる漁法のことを

〔　一本づり ・ まきあみ漁　〕といいます。

⑵　さんま漁では〔　光 ・ 音　〕に集まってきたところをあみでとります。

⑶　漁船は，〔　魚群探知機 ・ 自動運転機　〕などを利用して，魚が多く集

まっているところを見つけています。

⑷　魚がいたまないように，港の近くには

〔　冷とう設備 ・ カントリーエレベーター　〕があります。

2 右の資料を見て，問いに答えましょう。

資料

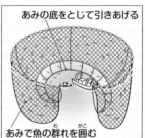

あみの底をとじて引きあげる

あみで魚の群れを囲む

⑴　**資料**の漁法を正しく説明したものを次の**ア〜ウ**

から１つ選びましょう。

　　ア　一度に大量にとれる。

　　イ　１ぴきずつていねいにとれる。

　　ウ　大型船で遠くの海で長期間漁を行う。

〔　　　　　〕

⑵　**資料**の漁法は，どんな魚をとるときに使われますか。次の**ア〜エ**のうち，

正しくないものを１つ選びましょう。

　　ア　あじ　　**イ**　いわし　　**ウ**　まぐろ　　**エ**　さば

〔　　　　　〕

(◕‿◕) できなかった問題は，復習しよう。

21 魚はどうやってとるの？②

★遠洋漁業，沖合漁業，沿岸漁業がある

漁業は，**遠洋漁業**，**沖合漁業**，**沿岸漁業**などに分けられます。

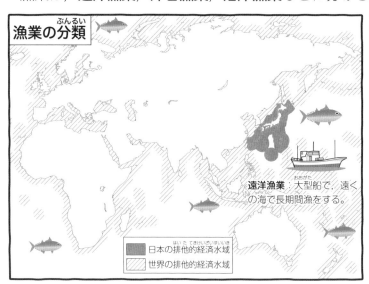

漁業の分類

遠洋漁業：大型船で，遠くの海で長期間漁をする。

日本の排他的経済水域
世界の排他的経済水域

（例）銚子港からみた場合

沖合漁業：日本近海で，数日がかりで漁をする。

太平洋

沿岸漁業：海岸やその近くで，日帰りで漁をする。

・銚子

0　　　　200km

★とった魚は水産加工されることもある

水あげされた魚は，そのまま出荷されるだけではなく，かまぼこなどに加工されることもあります。水産資源を食品に加工する産業を**水産加工業**といいます。

かまぼこができるまで

すり身工場

新鮮な魚から皮や骨を取りのぞき，機械ですり身をつくる。

すり身はかまぼこ工場へ出荷される。

かまぼこ工場

調味料とすり身をねり合わせる。

すり身からはちくわやはんぺんなどもつくられる。

052

1 [　　] の中で正しいほうを選びましょう。

(1) 大型船を使い，遠くの海で長期間漁をする漁業を

[沿岸漁業 ・ 遠洋漁業] といいます。

(2) 近くの海で，日帰りで漁をする漁業のことを

[沖合漁業 ・ 沿岸漁業] といいます。

(3) 日本近海で，数日がかりで漁をする漁業のことを

[沖合漁業 ・ 遠洋漁業] といいます。

(4) 水あげされた魚をかまぼこなどに加工する産業を

[水産加工 ・ 養しょく] 業といいます。

2 かまぼこをつくる工程として正しくなるように，次の写真あ～うを順番に

ならべかえましょう。

あ

(Cynet Photo)

い

(Cynet Photo)

う

(アフロ)

[　　　　　→　　　　　→　　　　　]

😊 できなかった問題は，復習しよう。

22 魚を育てるってほんと？

★つくり育てる漁業には，養しょく業と栽培漁業がある！

近年，水産資源が減っています。そのため，魚や貝，海そうなどを人の手で**つくり育てる漁業**がさかんです。この漁業には**養しょく業**と**栽培漁業**があります。

養しょく業のしくみ（ぶりの場合）

いけすなどで育てる。

早く大きくなれよ！

栽培漁業のしくみ（まだいの場合）

施設で育てたあと海に放流する。

自然の中で元気に育つんだぞ。

水あげ

ずっといけすの中で育てるよ。

大きく成長してからとる。

★ほかに魚を増やすために何をしているの？

魚を人の手でつくり育てるだけでなく，魚をとりすぎないようにしたり，魚がすむ海をよい環境にしたりして，水産資源を増やす努力をしています。

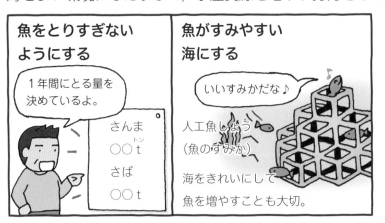

魚をとりすぎないようにする

1年間にとる量を決めているよ。

さんま
○○t
さば
○○t

魚がすみやすい海にする

いいすみかだな♪

人工魚しょう（魚のすみか）

海をきれいにして魚を増やすことも大切。

プランクトンが大量発生して海が赤くなる赤潮が起きると，酸素が足りなくなって魚が死んでしまうことがあるよ。

基本練習

→ 答えは別さつ07ページ

1 〔　〕の中で正しいほうを選びましょう。

(1)　魚や貝，海そうなどを，いけすなどの施設を使って育て，大きくなったらとる漁業を〔　養しょく業　・　栽培漁業　〕といいます。

(2)　魚などを施設で育てたあと，川や海に放流して大きく成長してからとる漁業を〔　養しょく業　・　栽培漁業　〕といいます。

(3)　水産資源を守るためには，とる量を〔　増やす　・　制限する　〕ことも大切です。

(4)　プランクトンが大量発生して〔　赤潮　・　黒潮　〕が起こると，魚が死ぬ被害が出ることもあります。

2 右の資料を見て，次の問いに答えましょう。

(1)　右の資料は「育てる漁業」の1つです。このような漁業を何といいますか。

〔　　　　　　　　　　　　〕

海で大きくなるんだぞ。

(2)　「育てる漁業」は，とる漁業にくらべて，収入が安定するという利点があります。その理由として正しいものを次の**ア〜エ**から1つ選びましょう。

　　ア　遠くの海で数か月〜1年かけて漁をするから。

　　イ　計画的に出荷できるから。

　　ウ　海の中の環境をよくするから。

　　エ　日帰りで漁をするから。

〔　　　　〕

😊 できなかった問題は，復習しよう。

23 とれた魚のゆくえは？

★とれた魚はどこへ？

　漁船がとった魚は漁港に水あげされ，魚市場で**せり**にかけられます。そのあと，トラックで消費地に運ばれ，再び**せり**にかけられたあと，店に運ばれます。

水あげ

魚市場のせりでねだんと買う人が決められる

せりは，かけ声や手のサインでねだんを示して，ねだんと買う人を決める方法だよ。

トラックで運ぶ。

一定の温度を保ちながら，保冷機能があるトラックで運ばれる。

消費地の魚市場のせり

店にならぶ　さかなや

店に直接運ばれることもある。

店の魚のねだんには，魚をとる費用だけでなく，魚市場で売られるときにかかる費用や出荷するときの輸送費などがふくまれている。

1 □にあてはまる語句(ごく)を書きましょう。

(1) 漁港に水あげされた魚は，まず □ に運ばれます。

(2) 漁港に水あげされた魚は，(1)で □ にかけられて，ねだんが決められたあと，消費地に運ばれます。

(3) 魚は新鮮(しんせん)さを保つために，保冷機能がある □ で消費地に運ばれます。

2 魚の流通について，次の問いに答えましょう。

(1) とれた魚が消費者にとどくまでには，どんな経路(けいろ)をたどりますか。次のア～エを順にならべかえましょう。

　　ア　魚を漁港に水あげする。　　　　イ　店にならべられる。

　　ウ　消費地の魚市場のせりにかける。

　　エ　魚市場のせりでねだんが決められる。

〔　　　→　　　→　　　→　　　〕

(2) 魚の流通について正しく説明しているものを次のア～エから1つ選びましょう。

　　ア　店にならぶまでは，消費地の魚市場から運ばれる経路と，水あげされた漁港の魚市場から直接(ちょくせつ)運ばれる経路の2通りある。

　　イ　水あげされた魚は，すぐにトラックにのせて消費地に運ばれる。

　　ウ　せりには魚市場にいるすべての人が参加し，魚のねだんを決める。

　　エ　店の魚のねだんには，魚市場で売られるときにかかる費用や出荷するときの輸送費はふくまれていない。

〔　　　　　〕

😊 できなかった問題は，復習(ふくしゅう)しよう。

24 水産業にはどんな問題がある?

★自由に魚がとれなくなった!

1970年代後半から，自国の水産資源(魚や貝など)を守るため，その国の沿岸から200海里(約370km)内の水域(**200海里水域，排他的経済水域**)でほかの国の漁業が制限されるようになりました。

200海里水域の設定と漁業へのえいきょう

世界で，自国の水産資源を守ろうとする動きがさかんになった。

とれる魚が少なくなった。

資源を守りたい。

そこで，200海里内の海では…

かってに漁をしないでね。

え〜っ!?

ほかの国の漁船がとる魚の量や種類がきびしく制限された。

この結果，とくに日本の遠洋漁業は大きなえいきょうを受けた。

外国の近くの海で漁をするのはむずかしくなったな。

★漁かく量が減り，働く人も少なくなった!

近年，日本の漁かく量は減っていて，外国から多くの魚かい類を輸入しています。また，水産業で働く人が減っているのもなやみです。

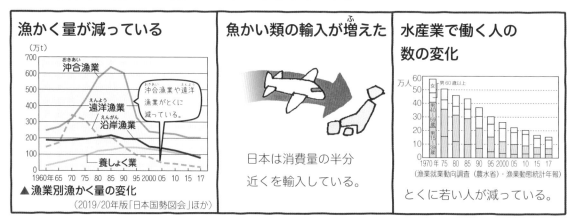

漁かく量が減っている

(万t)

沖合漁業

遠洋漁業
沿岸漁業

沖合漁業や遠洋漁業がとくに減っている。

養しょく業

1960年 65 70 75 80 85 90 95 2000 05 10 15 17

▲漁業別漁かく量の変化

(2019/20年版「日本国勢図会」ほか)

魚かい類の輸入が増えた

日本は消費量の半分近くを輸入している。

水産業で働く人の数の変化

万人

女　男60歳以上
男40〜59歳
男15〜39歳

1970年 75 80 85 90 95 2000 05 10 15 17

(漁業就業動向調査(農水省)・漁業動態統計年報)

とくに若い人が減っている。

基本練習

➡ 答えは別さつ07ページ

1 ☐☐☐☐にあてはまる数字やことばを書きましょう。

(1) 1970年代から，その国の沿岸から ☐☐☐☐☐☐ 海里内の水域では，ほかの国の漁業がきびしく制限されるようになりました。

(2) (1)の結果，日本では，遠くの海で漁業をする ☐☐☐☐ 漁業はとくに大きなえいきょうを受けました。

2 右のグラフを見て，次の問いに答えましょう。

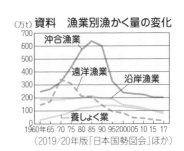
（万t）資料　漁業別漁かく量の変化
沖合漁業
遠洋漁業
沿岸漁業
養しょく業
1960年65 70 75 80 85 90 95 2000 05 10 15 17
（2019/20年版「日本国勢図会」ほか）

(1) 現在，漁業の中でもっとも漁かく量が多いのは何ですか。　〔　　　　　　　〕

(2) グラフからわかることとして正しいものを次の**ア〜エ**から1つ選びましょう。

ア 沖合漁業の漁かく量は，1970年代がもっとも多かった。

イ 遠洋漁業の漁かく量は，1970年代に急に減った。

ウ 1970年以降，養しょく業の漁かく量は少しずつ減っている。

エ 1990年以降，日本全体の漁かく量は増えている。　〔　　　　〕

(3) 日本の水産業で起こっている問題について，次の文の〔　　〕の中で正しいほうを選びましょう。

日本では，近年漁かく量が減っており，海外から多くの水産物を

① 〔 **ア** 輸入 ・ **イ** 輸出 〕しています。また，漁業で働く人が

② 〔 **ア** 減って ・ **イ** 増えて 〕いるのも問題となっています。

①〔　　　　〕　②〔　　　　〕

☺ できなかった問題は，復習しよう。

25 日本の食料生産の問題は?

★日本は食料の輸入量がとても多い

　国内で必要な食料のうち，国内生産で足りる食料の割合を**食料自給率**といいます。日本は食料自給率が低く，多くの食料を輸入にたよっています。

おもな食料の自給率は?

小麦(パンなど)
外国からの輸入小麦 86%
小麦 国内産 14%

肉類 国内産 52%

魚かい類 国内産 52%

(2019/20年版「日本国勢図会」)(2017年)

なぜ食料の輸入が増えたの?

外国産の食料は日本産より安い。

大規模につくっているからね。

日本人が洋食を食べることも多くなった。

おもな食料の消費量の変化

米／小麦／野菜／くだもの／肉類／牛乳・乳製品／魚かい類

□ 1960年
■ 2017年

(1人1日あたり)

(2019/20年版「日本国勢図会」ほか)

★これからの食料生産はどうしたらいい?

　近年，国内の食料生産をさかんにするために，**地産地消**など，生産者と消費者のつながりを強くする取り組みが進められています。

地産地消の取り組み

地元でとれた野菜をもっと食べてほしいです。

地域の農業がさかんになるといいわね。

地元の野菜

新鮮だしね。

地元でとれた食料を地元で消費することを地産地消という。

安心・安全な食料生産

この野菜はわたしがつくりましたよ。

つくった人がわかるから安心ね!

生産者

産地 ○○○

栽培方法 ○○○○

食料の生産者や生産方法などを記録し，明らかにするしくみを**トレーサビリティ**という。

基本練習

→ 答えは別さつ08ページ

1 ［　　　　］にあてはまることばを書きましょう。

(1) 国内で必要な食料のうち，国内生産で足りる食料の割合を

［　　　　　　　　　　］といいます。

(2) 地元でとれた食料を地元で消費することを［　　　　　］といいます。

(3) 日本の食料の輸入が多い理由として，外国産の食料は，いっぱんに日本

産の食料よりねだんが［　　　　　］ことがあげられます。

2 日本の食料生産について，右の資料を見て，次の問いに答えましょう。

(1) **資料あ**を見て，1960年から2017年の間に，消

費量が大きく増えている食料を2つ書きましょう。

〔　　　　　　〕〔　　　　　　〕

(2) **資料あ**を見て，1960年から2017年の間に，

消費量が大きく減っている食料を1つ書きましょ

う。　　　　　　　　　　〔　　　　　　〕

(3) **資料い**を見て，日本では，肉類のおよそ何割を

外国から輸入していますか。　〔　　　　　〕

(4) **資料い**を見て，次の**ア～ウ**から正しい文を1

つ選びましょう。　　　　　〔　　　　　〕

ア とうふやみその原料になる食料の自給率は，10%以下である。

イ 米は，国内産で足りないので，半分以上を輸入にたよっている。

ウ 野菜，くだもの，肉類の中で，もっとも自給率が高いのは肉類である。

資料あ
おもな食料の消費量の変化
0g 50 100 150 200 250 300 350
米
小麦
野菜
くだもの
肉類
牛乳・乳製品
魚かい類
■1960年
■2017年
(1人1日あたり)
(2019/20年版「日本国勢図会」ほか)

資料い
日本のおもな食料の自給率
0% 20 40 60 80 100
米　　　　　　　　　　　　　98
小麦　14
だいず　7
野菜　　　　　　　　79
くだもの　　　39
肉類　　　　52
(2017年)(2019/20年版「日本国勢図会」)

😊 できなかった問題は，復習しよう。

1 次の問いに答えましょう。 【各8点 計24点】

(1) 日本のまわりの海流や漁場について正しく説明している文を，次の**ア～エ**から2つ選びましょう。 [　　　] [　　　]

ア 太平洋側には暖流の黒潮（日本海流）が流れている。

イ 太平洋側で，暖流と寒流が出合うところは魚のえさのプランクトンが多く，よい漁場になっている。

ウ 日本海側には寒流の対馬海流が流れている。

エ 海底の中でとくに深くなっているところを大陸だなといい，よい漁場になっている。

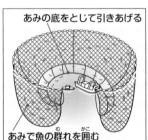

あみの底をとじて引きあげる

あみで魚の群れを囲む

(2) 右の図は，多くの魚を一度にとるのに適した漁法です。この漁法を何といいますか。 [　　　　　　　]

2 右のグラフは，漁業種類別の漁かく量の変化を示したものです。これを見て，次の問いに答えましょう。 【各8点 計24点】

(1) 大型船で，遠くの海で長期間にわたって漁をする漁業を何といいますか。グラフ中から選んで答えましょう。 [　　　　　　]

(2) グラフについて正しく説明している文を，次の**ア～エ**から2つ選びましょう。

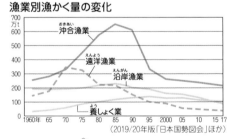

漁業別漁かく量の変化

沖合漁業
遠洋漁業
沿岸漁業
養しょく業

（2019/20年版「日本国勢図会」ほか）

ア 2017年の遠洋漁業の漁かく量は，1980年にくらべて減っている。

イ 沖合漁業の漁かく量は1970年代に大きく減った。

ウ 2017年の漁かく量がもっとも多いのは，沿岸漁業である。

エ 1970年にくらべて2017年の漁かく量が増えたのは養しょく業だけである。

[　　　] [　　　]

答えは別さつ15ページ

3

次の文を読んで，あとの問いに答えましょう。 【各9点　計36点】

　1970年代後半から，世界の国々では自国の水産資源を守るため，①海岸から決まったはんいの水域で外国の船がとる魚の量がきびしく制限されました。近年，日本では，②「つくり育てる漁業」をさかんにし，③水産資源を増やすことに力を入れています。

⑴　下線部①の水域は，海岸から何海里のはんいですか。〔　　　　　海里　〕

⑵　下線部②の漁業のうち，たまごからかえした魚を育てたあと自然の海や川に放流し，成長してからとる漁業を何といいますか。〔　　　　　　　　　〕

⑶　下線部③について，水産資源を増やすために大切なことを次の**ア**〜**エ**から2つ選びましょう。〔　　　　〕〔　　　　　〕

　ア　大きく成長していない魚をとるようにする。

　イ　人工魚しょうをつくるなど，魚がすみやすい海の環境を整える。

　ウ　1年間にとる魚の量を決める。　　**エ**　外国からの輸入を増やす。

4

次の問いに答えましょう。 【各8点　計16点】

⑴　右のグラフは，日本の野菜，小麦，米，肉類の自給率を示しています。小麦にあてはまるものを**ア**〜**ウ**から1つ選びましょう。

〔　　　　　〕

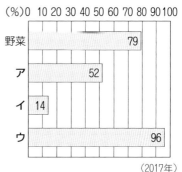

(%) 0 10 20 30 40 50 60 70 80 90 100

野菜 79
ア 52
イ 14
ウ 96

(2017年)
(2019/20年版「日本国勢図会」)

⑵　近年，国内の食料生産をさかんにするため，地元で生産された食料を積極的に食べるようにする取り組みが進められています。これを何といいますか。〔　　　　　〕

26 自動車はどのようにつくられるの?

★自動車ができるまで

自動車は**プレス→ようせつ→とそう→組み立て**の順序でつくられています。組み立てられた自動車は検査をされたあと，各地に出荷されます。

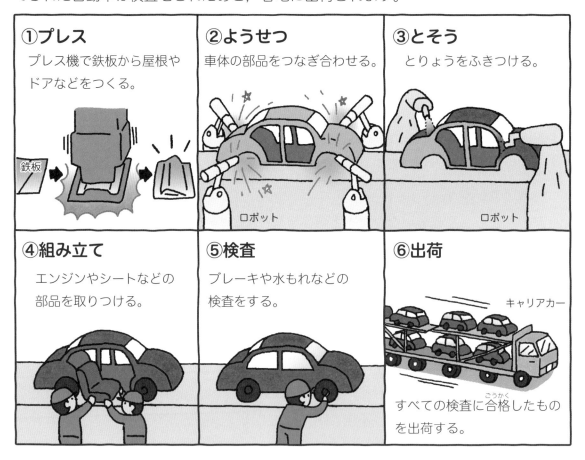

①プレス
プレス機で鉄板から屋根やドアなどをつくる。

鉄板

②ようせつ
車体の部品をつなぎ合わせる。

ロボット

③とそう
とりょうをふきつける。

ロボット

④組み立て
エンジンやシートなどの部品を取りつける。

⑤検査
ブレーキや水もれなどの検査をする。

⑥出荷
キャリアカー

すべての検査に合格したものを出荷する。

プレスは1台につき400点ほど，ようせつは約4000か所も行うんだって。

きれいに仕上げるために4回とそうしたり，約1500～2000の検査を行ったりと注文に合わせた自動車づくりをするくふうがされているよ。

基 本 練 習

→ 答えは別さつ08ページ

1 〔 　 〕の中で正しいほうを選びましょう。

(1) 鉄板から屋根やドアなどをつくることを〔 プレス・とそう 〕といいます。

(2) 車体の部品をつなぎ合わせて自動車の形をつくることを〔 プレス・ようせつ 〕といいます。

(3) とりょうをふきつけて〔 とそう・ようせつ 〕をしたあと，エンジンやシートなどの部品を取りつけます。

(4) 組み立てられた自動車は1台1台〔 検査・開発 〕を行い，すべてに合格すると，自動車は出荷されます。

2 自動車づくりについて，次の問いに答えましょう。

(1) 次の**ア**～**オ**を，自動車をつくる順番にならべかえたとき，3番目にくるのはどれですか。写真を参考にして選びましょう。

(Alamy ／ PPS 通信社)

 ア 組み立て **イ** ようせつ **ウ** 検査

 エ とそう   **オ** プレス   〔　　　〕

(2) 自動車づくりのうち，組み立てとはどんな作業をいいますか。次の**ア**～**エ**から1つ選びましょう。

 ア エンジンやシートなどの部品を取りつける。

 イ とりょうをふきつける。

 ウ 車体の部品をつなぎ合わせる。

 エ 鉄板から屋根やドアなどをつくる。 〔　　　〕

☺ できなかった問題は，復習しよう。

27 自動車づくりのくふうって？

★自動車をつくるためのくふう

自動車工場では，一定の速さで進む**ライン**の上で役割分たんをして作業を進めています（流れ作業）。また，安全のためにロボットを使う作業もあります。

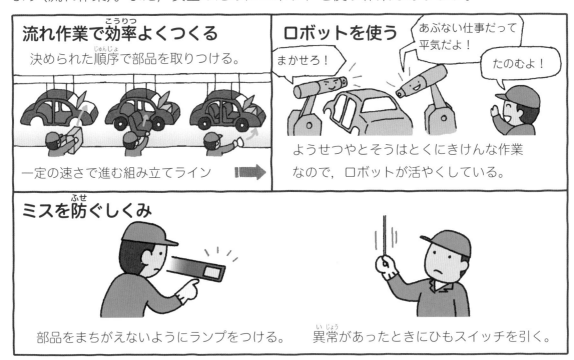

流れ作業で効率よくつくる

決められた順序で部品を取りつける。

一定の速さで進む組み立てライン ▶

ロボットを使う

あぶない仕事だって平気だよ！

まかせろ！

たのむよ！

ようせつやとそうはとくにきけんな作業なので，ロボットが活やくしている。

ミスを防ぐしくみ

部品をまちがえないようにランプをつける。

異常があったときにひもスイッチを引く。

★多くの関連工場と結びついて生産！

シートやハンドルなどの部品は**関連工場**（部品工場）とよばれる工場がつくり，組み立て工場にとどけています。組み立て工場は多くの関連工場に支えられています。

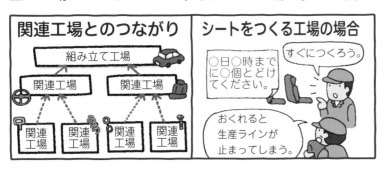

関連工場とのつながり

組み立て工場

関連工場　関連工場

関連工場　関連工場　関連工場　関連工場

シートをつくる工場の場合

すぐにつくろう。

○日○時までに○個とどけてください。

おくれると生産ラインが止まってしまう。

関連工場の多くは，組み立て工場の近くにあるよ。

基本練習

→ 答えは別さつ08ページ

1 〔　　〕の中で正しいほうを選びましょう。

(1) とくにきけんな作業が多い〔 組み立て・ようせつ 〕は，大部分をロボットが行っています。

(2) 組み立て工場では，働く人が役割を分たんして作業を進める〔 流れ・手 〕作業を取り入れています。

(3) 自動車の部品は，一定の速度で進む〔 ライン・プレス 〕の上で作業を分たんして取りつけられています。

2 自動車の部品をつくる工場について，次の問いに答えましょう。

(1) 右の図の（ X ）は，自動車の部品をつくる工場です。これらの工場を何とよびますか。

〔　　　　　　　　　　　〕

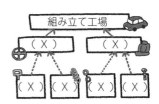

(2) （ X ）は，おもにどんなところに建てられていますか。次の**ア～エ**から1つ選びましょう。

ア 人口の少ないところ　　**イ** 組み立て工場のしき地内

ウ 水のきれいなところ　　**エ** 組み立て工場の近く 〔　　　　〕

(3) （ X ）の仕事について正しく説明しているものを，次の**ア～ウ**から1つ選びましょう。

ア 組み立て工場でつくった部品を組み立てている。

イ 注文された数より多めに部品をつくり，組み立て工場にとどけている。

ウ 不良品を出さないようにしている。 〔　　　　〕

😊 できなかった問題は，復習しよう。

28 消費者のためにどんな自動車づくりをしているの？

★自動車は専用の車や船で、消費者の元へとどけられる！

工場から近いはん売店へは、専用の車で運ばれます。遠いはん売店や海外に向けては船で運ばれますが、海外に工場をつくって現地生産もしています。

①工場で生産

②車や船で運ぶ
キャリアカー

③はん売店にとどく

④家庭にとどく

現地生産　はん売する国でつくると、つくる費用を安くしたり、その国の産業の発展に貢献したりできる。

★消費者のニーズに合った自動車づくりをしている

自動車会社では、排出ガスで空気をよごすことの少ない自動車を開発しています。また、**ユニバーサルデザイン**でどんな人にも使いやすくしたり、**自動運転**で事故を減らしたりするくふうをしています。

空気をよごさないためのくふう

ハイブリッドカー
ガソリンと電気の両方を使うので排出ガスが少ない。

ガソリンエンジン　電気モーター

燃料電池自動車
水素と酸素から電気をつくり、排出ガスをまったく出さない。

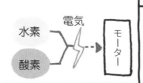
水素　酸素　電気　モーター

安全で人にやさしい自動車づくり

自動運転
人が操作しなくてもブレーキやハンドルが動くしくみ。

バリアフリー
車いすに乗ったまま乗り降りできる自動車。

1 [　　　　] にあてはまる語句を書きましょう。

(1) ガソリンと電気の両方を使う自動車のことを

[　　　　　　　　　　] といいます。

(2) 海外で自動車をはん売する場合，その国に工場を建てて自動車をつくる

[　　　　　　] が行われることがあります。

(3) [　　　　　　　　　] は，水素と酸素から電気をつくり，排出ガ

スをまったく出さないので，空気をよごす心配がありません。

(4) 自動車事故を減らすために，人が操作しなくてもブレーキやハンドルを

動かす [　　　　　　] の技術が開発されています。

2 自動車の輸送と開発について，次の問いに答えましょう。

(1) 自動車が工場でつくられて消費者にとどけられるまでには，どんな輸送
手段が使われますか。次の**ア～エ**から2つ選びましょう。

ア 航空機　　**イ** キャリアカー　　**ウ** 船　　**エ** 鉄道

[　　　　] [　　　　]

(2) 自動車会社は，消費者が求める自動車を開発しています。次の**ア～エ**の
うち，空気をよごさないためのくふうを2つ選びましょう。

ア 車いすの人が自由に乗り降りできる。

イ ハイブリッドカーをつくる。

ウ 自動運転で事故を減らす。

エ 燃料電池自動車をつくる。　　　[　　　　] [　　　　]

😊 できなかった問題は，復習しよう。

29 工業にはどんな種類があるの?

★工業はおもに5種類!

工業には, **機械工業**や**金属工業**や**化学工業**, **せんい工業**や**食料品工業**があります。

機械工業
自動車やパソコンなどの機械をつくる。

パソコン　自動車

金属工業
鉄をつくる製鉄業などがある。

なべ　かん　鉄鋼

化学工業
石油などから製品をつくる。

薬　石けん　ペットボトル

せんい工業
綿糸や化学せんいをつくる。

タオル　洋服

食料品工業
農作物や水産物などから製品をつくる。

チーズ　パン　ジュース

その他の工業
木やガラスなどから製品をつくる。

★今の日本の工業の割合

今の日本では, **機械工業**が生産額で大きな割合をしめています。

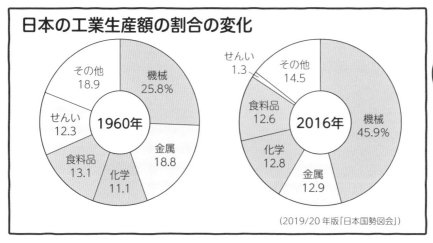

日本の工業生産額の割合の変化

1960年
機械 25.8%
その他 18.9
せんい 12.3
食料品 13.1
化学 11.1
金属 18.8

2016年
せんい 1.3
その他 14.5
食料品 12.6
化学 12.8
金属 12.9
機械 45.9%

(2019/20年版「日本国勢図会」)

昔は今よりせんい工業がさかんだったんだね。

1 ［　　　　　］にあてはまる語句を書きましょう。

(1) 鉄をつくる製鉄業は，［　　　　　］工業にふくまれます。

(2) パンやチーズ，ジュースなどをつくる工業を［　　　　　］工業といいます。

(3) 日本の工業の中で生産額が最も多いのは［　　　　　］工業です。

2 次の絵を見て，あとの問いに答えましょう。

A 化学工業　　　　B 機械工業　　　　C 金属工業　　　　D せんい工業

(1) 次の説明文に合う工業を，上の **A ～ D** から 1 つずつ選びましょう。

　　ア　パソコンなどの機械をつくる。

　　イ　石油などから製品をつくる。

　　ウ　綿糸や化学せんいをつくる。

　　エ　鉄などをつくる。　　　ア〔　　　　〕　イ〔　　　　〕
　　　　　　　　　　　　　　　　ウ〔　　　　〕　エ〔　　　　〕

(2) 日本の工業の特色について正しく説明したものを，次の**ア～ウ**から 1 つ選びましょう。

　　ア　日本は 1960 年代には，食料品工業を中心に発展していた。

　　イ　今の日本では，機械工業や金属工業が大きな割合をしめている。

　　ウ　せんい工業の割合は，昔より今のほうが高い。　　〔　　　　〕

😊 できなかった問題は，復習しよう。

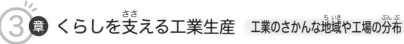
30 工業のさかんなところは？

★太平洋側の海ぞいでさかん！

　多くの工場が集まる工業地帯や工業地域は，多くが，輸入や輸出に便利な太平洋側の海ぞいに連なっています。この地域を**太平洋ベルト**といいます。

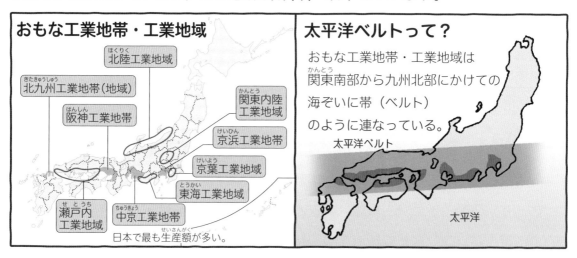

おもな工業地帯・工業地域
- 北陸工業地域
- 北九州工業地帯（地域）
- 阪神工業地帯
- 瀬戸内工業地域
- 中京工業地帯
- 関東内陸工業地域
- 京浜工業地帯
- 京葉工業地域
- 東海工業地域

日本で最も生産額が多い。

太平洋ベルトって？
おもな工業地帯・工業地域は関東南部から九州北部にかけての海ぞいに帯（ベルト）のように連なっている。

太平洋ベルト

太平洋

★工業の種類によって工場が多いところがちがう

　金属工業や化学工業では，おもに燃料や原料の輸入に便利な**海ぞいの地域**に工場が多くつくられます。輸入原料にたよらない機械工業の工場は内陸部にもつくられます。

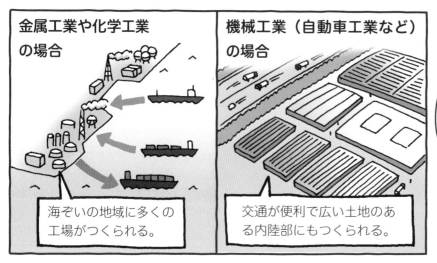

金属工業や化学工業の場合
海ぞいの地域に多くの工場がつくられる。

機械工業（自動車工業など）の場合
交通が便利で広い土地のある内陸部にもつくられる。

工業の種類によって，原料や製品の輸送に便利な場所に工場が多くつくられるよ。

1 〔 　 〕の中で正しいほうを選びましょう。

(1) 金属工業や化学工業の大工場は，おもに〔 海ぞい・内陸部 〕につくられます。

(2) おもな工業地帯や工業地域は，燃料や原料の輸入に便利な〔 太平洋側・日本海側 〕の海ぞいに集まっています。

(3) 関東地方には〔 中京工業地帯・京浜工業地帯 〕や京葉工業地域が発達しています。

2 日本の工業について，右の地図を見て，次の問いに答えましょう。

(1) 地図中の**A**の地域には，帯のように工業地帯や工業地域が集まっています。この地域のことを何といいますか。

〔 　　　　　　　　　　 〕

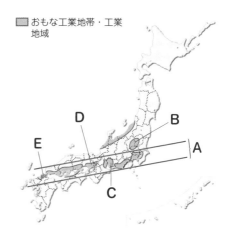

■ おもな工業地帯・工業地域

(2) 日本の工業地帯・地域のうち，最も生産額が多い工業地帯・地域を，地図中の**B**〜**E**から１つ選び，記号と工業地帯・地域の名前を書きましょう。

記号〔 　　　 〕

名前〔 　　　　　 〕

(3) 地図中の**B**の工業地域は内陸の高速道路ぞいに広がっています。この理由を工業の種類から簡単に書きましょう。

〔 　　　　　　　　　　　　　　　　　　　　 〕

😊 できなかった問題は，復習しよう。

右端タブ：1章 2章 3章 くらしを支える工業生産 4章 5章

31 工場のきぼと日本の工業の課題は？

★ 工場には，きぼの大きな工場や小さな工場がある

工業製品をつくる工場は，石油化学工場などのようなきぼの大きい**大工場**と，部品工場のようなきぼの小さい**中小工場**に分けられます。

大工場	中小工場
数は少ないが，1つの工場の生産額が多い。	全国の工場の大部分が中小工場。1つの工場の生産額は少ない。
大きぼな設備で生産しているから生産額が多いんだ。	きぼが小さいから工場の生産額は少ないけど…
	技術なら負けないよ！

★ 工業のかかえる課題とこれから

今の日本では，製造業で働く人が減っています。そこで，人を手助けする**ロボット**の開発や**伝統を生かした工業**など，新しい工業のあり方をさぐっています。

製造業で働く人の数

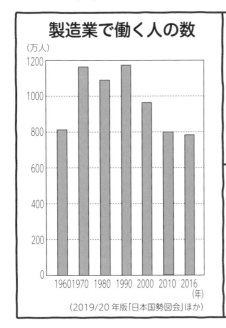

(万人)

1200
1000
800
600
400
200
0

1960 1970 1980 1990 2000 2010 2016
(年)

(2019/20年版「日本国勢図会」ほか)

ロボット

介護用ロボット

働く人の減少をおぎなったり，きけんな仕事をしたりする。

伝統をいかした産業

昔から使われている伝統的な技術をいかして新しいもの，形，色をつくり出す。

基本練習

→ 答えは別さつ09ページ

1 〔　　〕の中で正しいほうを選びましょう。

(1) 日本の工場数の大部分をしめているのは〔 大工場 ・ 中小工場 〕です。

(2) 1つの工場の生産額が多いのは〔 大工場 ・ 中小工場 〕です。

(3) 製造業で働く人の数は〔 増えて ・ 減って 〕います。

2 日本の工業の今について、次の問いに答えましょう。

(1) 右のグラフから読み取れることとして正しいものを、次の**ア〜エ**から1つ選びましょう。

ア 大工場の工場数は全体の約1割である。

イ 中小工場は働いている人は多いが、生産額は全体の約半分である。

ウ 大工場の生産額は全体の約3割である。

エ 中小工場の1人あたりの生産額は大工場よりも多い。

〔　　　　　〕

中小工場と大工場の割合

大工場 0.9 ―

工場数 36万7999	中小工場 99.1%	
働いている人の数 792万人	中小工場 68.6%	大工場 31.4
生産額 322.0兆円	中小工場 48.3%	大工場 51.7

(2017年)

(2019/20年版「日本国勢図会」ほか)

(2) 次の文を読み、①・②にあてはまる語句を書きましょう。

近年の日本の工業では、社会の変化に合わせた製品づくりに取り組んでいます。少子高齢化で働く人が減少する中、さまざまな場面で人を助ける① 〔　　　　　　　　〕や、昔から使われている② 〔　　　　　　　　〕な技術をいかした新しい製品が開発されています。

😊 できなかった問題は、復習しよう。

る工業生産 3章 くらしを支え

復習テスト 5

③章 くらしを支える工業生産①

1

次のア～オは自動車が完成するまでの作業です。これについて，あとの問い
に答えましょう。　　　　　　　　　　　　　　　　　　　　　【各6点　計24点】

ア プレス	イ ようせつ	ウ とそう	エ 組み立て	オ 検査

(1)　次の①，②にあてはまる作業を，ア～オからそれぞれ選びましょう。

①　屋根などの車体の部品をつなぎ合わせる。　　　　　　　〔　　　　　〕

②　鉄板からドアなどをつくる。　　　　　　　　　　　　　〔　　　　　〕

(2)　組み立て工場では，シートやハンドルなどの部品は，それぞれの部品をつく
る工場から取り寄せています。組み立て工場を支えているこのような工場のこ
とを何といいますか。　　　　　　　　　　　　　　　　　〔　　　　　　　〕

(3)　自動車工場では，効率よく自動車をつくるために，一定の速さで進むライン
の上で，役割分たんをして作業をしています。この作業方法を何といいますか。

〔　　　　　　　　　〕

2

消費者のための自動車づくりについて，次の問いに答えましょう。

【各5点　計25点】

(1)　自動車をはん売する国でつくることを何といいますか。〔　　　　　　　〕

(2)　次の①，②の文に合う自動車づくりのくふうを，あとのア～エからそれぞれ
2つずつ選びましょう。

①　安全で人にやさしい自動車を運転したい。

②　排出ガスで空気をよごすことが少ない自動車に乗りたい。

ア　自動運転　　　　　イ　ハイブリッドカー

ウ　バリアフリー　　　エ　燃料電池自動車

①〔　　　〕〔　　　〕　②〔　　　〕〔　　　〕

答えは別さつ15ページ

学習日		得点
	月　　日	／100点

3　右の地図を見て，次の問いに答えましょう。

【(2)10点　ほかは各5点　計30点】

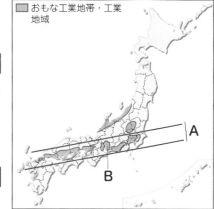

（1）地図中の**A**の地域には，おもな工業地帯・工業地域が連なっています。この地域を何といいますか。〔　　　　　　　　〕

（2）おもな工業地帯・工業地域が地図中の**A**の地域のように海ぞいに集まっているわけを，「燃料や原料」の語句を使って書きましょう。
〔　　　　　　　　　　　　　　　　〕

（3）海ぞいの地域でとくに発達している工業を次の**ア**～**エ**から2つ選びましょう。〔　　　〕〔　　　〕

ア　電子工業　　**イ**　石油化学工業　　**ウ**　せんい工業　　**エ**　鉄鋼業

（4）地図中の**B**の工業地帯を何といいますか。名前を書きましょう。
〔　　　　　　　　〕

4　次の問いに答えましょう。

【各7点　計21点】

（1）次の①，②に合う工業の種類をそれぞれ書きましょう。

①　自動車やコンピューターなどをつくる工業。〔　　　　　　　〕

②　鉄やアルミニウムなどをつくる工業。〔　　　　　　　〕

（2）工場は，きぼの大きな大工場ときぼの小さい中小工場に分けられます。このうち大工場にあてはまる特色を次の**ア**～**エ**から1つ選びましょう。

ア　工場数が多く，全体の大部分をしめている。

イ　1つの工場の生産額が多い。

ウ　小さい部品などをつくる工場が多い。

エ　とくにせんい工業など軽工業の工場に多い。〔　　　　　〕

32 日本はどんな国と貿易がさかん？

★ 中国やアメリカ合衆国との貿易額が多い

日本は，世界の多くの国々におもに工業製品を輸出し，各国からさまざまなものを輸入しています。とくに貿易額が多い国に**中国**と**アメリカ合衆国**があります。

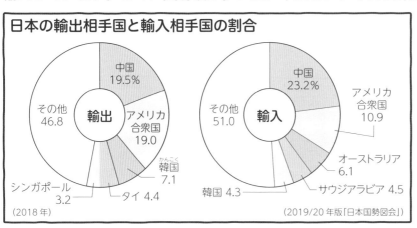

日本の輸出相手国と輸入相手国の割合

輸出：中国 19.5%／アメリカ合衆国 19.0／韓国 7.1／タイ 4.4／シンガポール 3.2／その他 46.8（2018年）

輸入：中国 23.2%／アメリカ合衆国 10.9／オーストラリア 6.1／サウジアラビア 4.5／韓国 4.3／その他 51.0（2019/20年版「日本国勢図会」）

2017年までは，輸出相手国の1位はアメリカ合衆国だったよ。

★ 全国へ運ばれる工業製品

トラックをはじめとする自動車，船，鉄道，飛行機を使って人やものを運ぶことを**運輸**といいます。国内で工業製品を運ぶのには，交通もうが使われています。

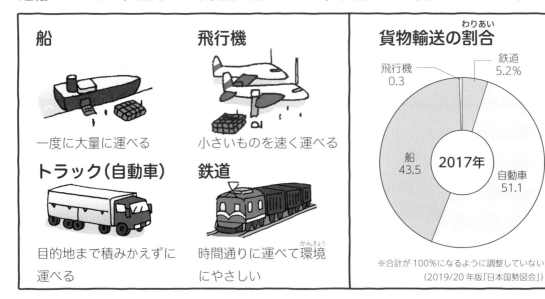

船 一度に大量に運べる

飛行機 小さいものを速く運べる

トラック（自動車） 目的地まで積みかえずに運べる

鉄道 時間通りに運べて環境にやさしい

貨物輸送の割合

飛行機 0.3／鉄道 5.2%／自動車 51.1／船 43.5／2017年

※合計が100%になるように調整していない

（2019/20年版「日本国勢図会」）

3章　くらしを支える工業生産

1 〔　　〕の中で正しいほうを選びましょう。

(1) 日本の貨物輸送の割合でとくに多いのは，自動車と〔 鉄道・船 〕です。

(2) 自動車，船，鉄道，飛行機などを使って人やものを運ぶことを〔 通行・運輸 〕といいます。

(3) 日本の貿易相手国で，とくに貿易額が多い国は〔 シンガポール・アメリカ合衆国 〕と中国です。

2 日本の貿易と運輸について，次の問いに答えましょう。

(1) 輸送手段には，おもに①自動車，②鉄道，③船，④飛行機があります。それぞれの輸送手段の特ちょうについて説明しているものを，次の**ア〜エ**から１つずつ選びましょう。

　　ア 大型のものや重いものを運べるが，時間がかかる。

　　イ 遠い場所へも速く運べる。

　　ウ 一度に大量の人やものを運べ，時間に正確で環境にやさしい。

　　エ 目的地まで，積みかえずに運べる。

　　　　　①〔　　　　　〕　②〔　　　　　〕
　　　　　③〔　　　　　〕　④〔　　　　　〕

(2) 日本の貿易について正しく説明したものを，次の**ア〜ウ**から１つ選びましょう。

　　ア 中国が最大の輸出相手国である。

　　イ アフリカの国々との貿易がとくに多い。

　　ウ 輸入相手国の１位はアメリカ合衆国である。　〔　　　　　〕

😊 できなかった問題は，復習しよう。

33 日本の輸出品や輸入品は？

★輸出は工業製品，輸入は燃料原料が多い

工業が発達している日本は，おもに**機械類**や**自動車**などの工業製品を輸出しています。また，輸入は石油などの**燃料・原料**や**機械類**が多くなっています。

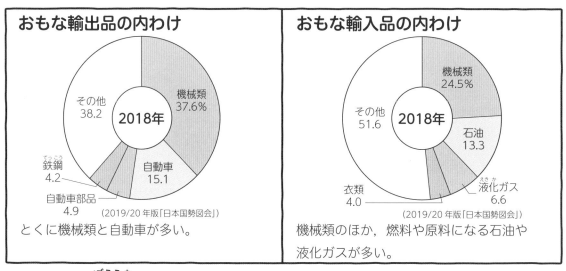

おもな輸出品の内わけ

その他 38.2

機械類 37.6%

2018年

鉄鋼 4.2

自動車部品 4.9

自動車 15.1

(2019/20 年版「日本国勢図会」)

とくに機械類と自動車が多い。

おもな輸入品の内わけ

機械類 24.5%

その他 51.6

2018年

石油 13.3

衣類 4.0

液化ガス 6.6

(2019/20 年版「日本国勢図会」)

機械類のほか，燃料や原料になる石油や液化ガスが多い。

★日本の貿易品の特ちょうはどう変わった？

下のグラフのように，以前の日本は，燃料や原料を輸入し，工業製品を多く輸出する**加工貿易**をしていました。近年は機械類の輸入が増えています。

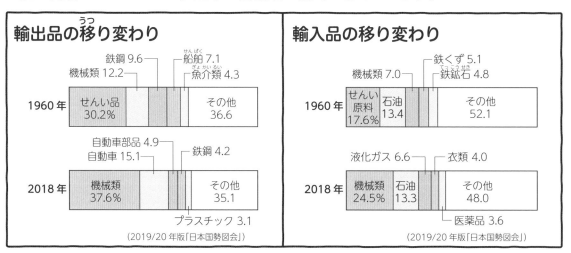

輸出品の移り変わり

鉄鋼 9.6　　船舶 7.1

機械類 12.2　　魚介類 4.3

1960年　せんい品 30.2%　　その他 36.6

自動車部品 4.9　　鉄鋼 4.2

自動車 15.1

2018年　機械類 37.6%　　その他 35.1

プラスチック 3.1

(2019/20 年版「日本国勢図会」)

輸入品の移り変わり

鉄くず 5.1

機械類 7.0　　鉄鉱石 4.8

1960年　せんい原料 17.6%　石油 13.4　　その他 52.1

液化ガス 6.6　　衣類 4.0

2018年　機械類 24.5%　石油 13.3　　その他 48.0

医薬品 3.6

(2019/20 年版「日本国勢図会」)

基本練習

→ 答えは別さつ10ページ

1 〔　　〕の中で正しいほうを選びましょう。

(1)　日本の輸出品のうち，機械類についで輸出額が多いのは
〔　衣類・自動車　〕です。

(2)　日本は，〔　鉄鉱石・鉄鋼　〕の輸出もさかんです。

(3)　近年，日本は〔　せんい原料・機械類　〕の輸入が増え，それまでの貿易
の形が変化しました。

(4)　日本の輸入品のうち，とくに輸入額が多いのは〔　石油・衣類　〕と機械
類です。

(5)　以前の日本のように，おもに燃料や原料を輸入し，工業製品を輸出する
貿易のことを〔　中継・加工　〕貿易といいます。

2 右のグラフからわかることを，次のア～エから１つ選びましょう。

ア　日本は近年，自動車工場を海外
につくって，自動車の現地生産を
進めている。

イ　近年，アジアの国々からの機械
類の輸入が増えてきている。

ウ　輸出品・輸入品ともに，2018年
の第１位は機械類である。

エ　石油は，2018年の日本の輸出品
の上位５位に入っている。

〔　　　　　　〕

輸出品の移り変わり

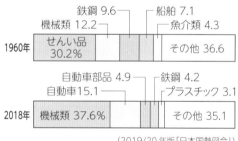

(2019/20年版「日本国勢図会」)

輸入品の移り変わり

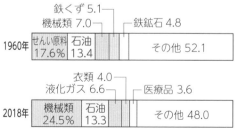

(2019/20年版「日本国勢図会」)

😊 できなかった問題は，復習しよう。

34 貿易にはどんな課題がある?

★貿易額のバランスがとれていないことがある

　国と国が貿易を行うとき，一方の国の輸出が増えすぎて問題が起こることがあります。このような国どうしの貿易をめぐるさまざまな対立を**貿易まさつ**といいます。

貿易まさつ（たとえば，日本の自動車の輸出が増えすぎたとき）

日本からアメリカに自動車が輸出される。

買いたい！　安くていいな！

日本車が売れてアメリカ車は全然売れないよ～

アメリカの自動車産業がおとろえたため，貿易をめぐって対立。

日本は輸出を減らしてほしい！

アメリカ製品の輸入を増やしてほしい！

アメリカは高い関税をかけて，国内の産業を守ろうとする。

★日本国内の産業がおとろえている

　近年，日本では，アジアやアメリカなど外国に工場をつくって現地生産する会社が多くなりました。現地生産は日本と外国それぞれにとって利点がありますが，日本国内では**産業の空どう化**も起こっています。

外国に工場をつくる会社が増えた

働くところが増えてよかったな。

日本の会社の人

現地の人

土地が広いし，働く人も多いから会社にとっても有利だ。

産業の空どう化　国内の産業がおとろえる。

1 〔　　〕の中で正しいほうを選びましょう。

(1) 貿易をめぐる国と国との対立を，貿易〔 まさつ・産業 〕といいます。

(2) 外国の〔 高い・安い 〕製品の輸入が増えすぎると，国内の製品が売れなくなるという問題が起こることがあります。

(3) 近年，日本では，外国に工場をつくり，〔 現地・日本 〕の人をやとって生産する会社が増えています。

(4) 日本の会社の工場がとくに多いのは，おもに〔 ヨーロッパ・アジア 〕の国々です。

2 貿易について，次の問いに答えましょう。

(1) 次の文は，貿易まさつの原因を説明したもので，〔　　　　〕には，輸出・輸入のいずれかがあてはまります。あてはまる語句を書きましょう。

　　日本がアメリカから①〔　　　　　　〕する金額よりも，アメリカへ

　　②〔　　　　　　〕する金額が大きく上回ったことで，貿易まさつが起こった。

(2) 日本国内で産業の空どう化が進んでいるのはなぜですか。その理由として正しいものを次の**ア**～**エ**から１つ選びましょう。

　　ア 外国から安い製品が輸入されるため

　　イ 外国に工場を移す会社が増えたため

　　ウ 関税をなくして自由な貿易をする動きが大きくなってきたため

　　エ 働く人の数が減っているため

　　　　　　　　　　　　　　　　　　　　　　　　〔　　　　　〕

😊 できなかった問題は，復習しよう。

1

次の問いに答えましょう。　　　　　　　　　　　【各7点　計49点】

(1)　右のグラフは日本の輸入・輸出相手国の上位5か国を示しています。A，Bにあてはまる国の名前を書きましょう。

A[　　　　　　　　　]

B[　　　　　　　　　]

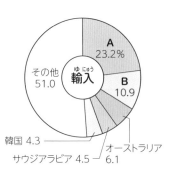
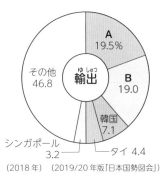

輸入
A 23.2%
B 10.9
オーストラリア 6.1
サウジアラビア 4.5
韓国 4.3
その他 51.0

輸出
A 19.5%
B 19.0
韓国 7.1
タイ 4.4
シンガポール 3.2
その他 46.8

(2018年)　(2019/20年版「日本国勢図会」)

(2)　貿易を支える輸送手段について，次の問いに答えましょう。

①　輸送手段を使い人やものを運ぶことを何といいますか。　　［　　　　　　　］

②　次のA～Dは，国内で製品を運ぶときに使われる輸送手段の特ちょうです。あてはまる輸送手段を下のア～エからそれぞれ選びましょう。

A　時間はかかるが一度に大量に運べる　　　B　小さい物を速く運べる

C　目的地まで積みかえずに運べる　　　D　時間通りに運べて環境にやさしい

ア　トラック	イ　鉄道	ウ　飛行機	エ　船

A[　　　　] B[　　　　] C[　　　　] D[　　　　]

2

日本の貿易について，次の問いに答えましょう。　　　【各6点　計24点】

(1)　右のグラフは日本の輸出品と輸入品の内わけを示しています。グラフ中のAとBにあてはまるものを次のア～エから1つずつ選びましょう。

自動車部品 4.9　　鉄鋼 4.2

輸出
81兆円
機械類 37.6%　A 15.1　その他 38.2

液化ガス 6.6　　衣類 4.0

輸入
83兆円
機械類 24.5%　B 13.3　その他 51.6

(2018年)　(2019/20年版「日本国勢図会」)

ア　石油　　　イ　石炭

ウ　せんい原料　エ　自動車

A〔　　　　　〕B〔　　　　　〕

(2)　日本の貿易の特ちょうについて，次の問いに答えましょう。

①　日本は，燃料や原料を輸入し，工業製品を輸出する貿易によって発展してきました。このような貿易を何といいますか。　〔　　　　　　　〕

②　近年では日本の貿易の形が①から変化してきました。84ページ下のグラフを見て，次の文の〔　　　〕にあてはまる語句を書きましょう。

日本の貿易は，輸出額，輸入額ともに〔　　　　〕がもっとも多くなっている。　　　　　　　　　　　　　　　　　〔　　　　　　　〕

3

貿易では問題が起こることがあります。貿易で起こる問題について，次の文を読んで，あとの問いに答えましょう。【(2)13点　ほかは各7点　計27点】

> 国と国との貿易では，一方の国の輸出額が増えすぎると，①〔　　　〕という問題が起こります。
>
> 近年，日本では，工場を国内からアジアなどの国に移す会社が増えています。貿易をするうえで利点はあるものの，国内では産業の②〔　　　〕が問題となっています。

(1)　文中の①と②にあてはまる語句を書きましょう。

①〔　　　　　　　〕②〔　　　　　　　〕

(2)　日本の輸出が増えすぎて①が起きたとき，相手の国の経済にどのようなえいきょうをあたえますか。「安い」，「おとろえる」の2つの語句を使って書きましょう。

〔　　　　　　　　　　　　　　　　　　　　　　　　　〕

35 情報にはどんな種類がある?

★ 情報を伝えるために, さまざまなメディアがある!

　情報を伝える方法を**メディア**といい, テレビや新聞など一度に多くの人に情報を伝える方法を**マスメディア**といいます。メディアにはさまざまなものがあります。

情報を一度に広い範囲に伝える。

作業や車の運転などをしながら聞くことができる。

持ち運びができる。切り抜いて保存できる。

持ち運びができる。写真やイラストが多いものもある。

パソコンやスマートフォン(スマホ)で, すぐに情報を調べることができる。

新聞やざっしは, スマホなどで読めるデジタル版がつくられることもあるんだ。

基本練習

→ 答えは別さつ10ページ

1 □にあてはまる語句（ご く）を書きましょう。

(1) 情報を伝える方法を ［　　　　　］といいます。

(2) (1)の中でも，テレビや新聞など，一度に多くの人に情報を伝える方法の
ことを ［　　　　　］といいます。

(3) (2)の中でも ［　　　　］は，持ち運びに便利で，電池で動くものは災
害などで停電しても使えます。

2 次の絵を見て，あとの問いに答えましょう。

A　　　　　　　B　　　　　　　C　　　　　　　D

(1) 映像と音声で，一度に広い範囲に情報を伝えるメディアはどれですか。
〔　　　　〕

(2) 音声だけで情報を伝え，作業や車の運転をしながらでも情報を得られる
メディアはどれですか。　　　　　　　　　　　　　　〔　　　　〕

(3) 情報を受信するだけではなく，自分から発信することもできるメディア
はどれですか。
〔　　　　〕

(4) 印刷された写真や文字で情報を伝え，切り抜いて保存もできるメディア
はどれですか。
〔　　　　〕

😊 できなかった問題は，復習（ふくしゅう）しよう。

36 ニュース番組はどうやってつくられるの?

★ ニュース番組はたくさんの手間をかけてつくられる

テレビ番組の中でもできごとについての情報を伝えるものに, **ニュース番組**があります。ニュース番組はさまざまな人が関わってつくられています。

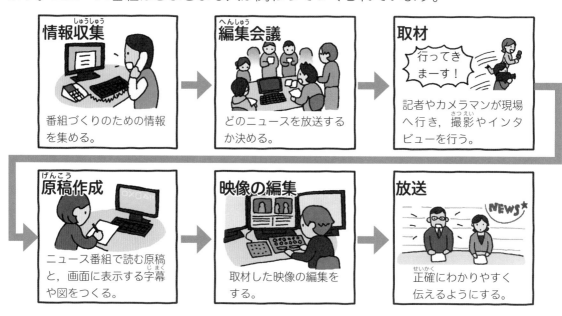

情報収集
番組づくりのための情報を集める。

編集会議
どのニュースを放送するか決める。

取材
行ってきまーす！
記者やカメラマンが現場へ行き, 撮影やインタビューを行う。

原稿作成
ニュース番組で読む原稿と, 画面に表示する字幕や図をつくる。

映像の編集
取材した映像の編集をする。

放送
NEWS★
正確にわかりやすく伝えるようにする。

★ テレビ番組があたえるえいきょう

テレビ番組は, わたしたちの生活にえいきょうをあたえています。番組の内容が, くらしや仕事での行動を決めるきっかけとなることもあります。

コマーシャル
番組のとちゅうなどで流れる広告放送。

気象情報
コンビニエンスストアでは, 雨の日には晴れの日よりもたくさんのかさが売られている。

選挙報道
候補者の考えなどを伝え, 投票先を決めるきっかけになる放送。

1 次の ☐ にあてはまる語句を，下の（ ）の中から選びましょう。

(1) テレビのニュース番組では，おもに，編集会議でどのニュースを放送するかを決めてから， ☐ やカメラマンが現場などへ行って取材をします。

(2) ニュース番組をつくるときは，映像や原稿だけでなく，画面に表示する ☐ や図も用意します。

(3) コンビニエンスストアでは， ☐ を参考にして，雨の日には晴れの日よりもたくさんのかさが売られています。

(4) 番組のとちゅうなどで流れる広告放送を ☐ といいます。

（ コマーシャル 記者 字幕 気象情報 選挙報道 ）

2 ニュース番組やテレビ番組について，次の問いに答えましょう。

(1) ニュース番組について正しく説明しているものを，次のア～エから1つ選びましょう。

　　ア ニュース番組は，テレビにうつっている人だけでつくられている。

　　イ ニュース番組で大切なのは，正確さよりも伝える速度である。

　　ウ ニュース番組をつくるときには，編集会議で放送する内容を決める。

　　エ 取材した映像は，編集せずにそのまま放送する。 〔　　　　〕

(2) テレビ番組は，わたしたちの生活にえいきょうをあたえることがあります。具体的な例を1つ書きましょう。

〔　　　　　　　　　　　　　　　　　　　　　　　　　　　　〕

😊 できなかった問題は，復習しよう。

37 新聞はどうやってつくられるの?

★印刷してとどけるまでが新聞社の仕事

さまざまなニュースや新聞社の考えをまとめて**新聞**にします。地方で発行されている新聞には，地域に関する情報がたくさんのっているのが大きな特色です。

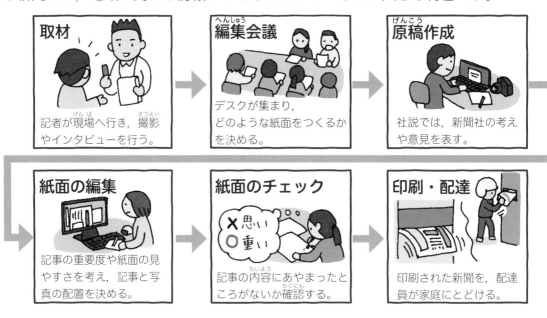

取材
記者が現場へ行き，撮影やインタビューを行う。

編集会議
デスクが集まり，どのような紙面をつくるかを決める。

原稿作成
社説では，新聞社の考えや意見を表す。

紙面の編集
記事の重要度や紙面の見やすさを考え，記事と写真の配置を決める。

紙面のチェック
記事の内容にあやまったところがないか確認する。

印刷・配達
印刷された新聞を，配達員が家庭にとどける。

★マスメディアの責任

マスメディアがあやまった情報を報道してしまうと，**報道被害**を引き起こしたり，社会が混乱したりすることがあります。

報道被害
事件についてひと言お願いしまーす！
わたしは犯人じゃないのに！
あやまった報道をしてしまうと，だれかをきずつけたり，生活や仕事に不利益をあたえたりすることがある。

かたよりのない情報を伝えることも大切だね。

1 次の ☐☐☐☐☐☐ にあてはまる語句を，下の（ ）の中から選びましょう。

(1) 新聞は，☐☐☐☐☐☐ によって家庭にとどけられます。

(2) 新聞社の考えや意見を表す記事を ☐☐☐☐☐☐ といいます。

(3) あやまった報道によってきずつけられたり，生活や仕事に不利益を受け

たりすることを ☐☐☐☐☐☐ といいます。

(4) デスクが集まる ☐☐☐☐☐☐ では，どのような紙面をつくるかを

決めています。

（ 編集会議　報道被害　音声　配達員　見出し　社説 ）

2 新聞について，次の問いに答えましょう。

(1) 新聞について正しく説明しているものを，次の**ア**〜**エ**から２つ選びま

しょう。

ア 新聞には，身近な地域の情報はのっていない。

イ 記事の内容にあやまりがないか，確認をしてから印刷する。

ウ 取材した記者が，紙面にのせる内容を決める。

エ 紙面を編集するときは，記事の重要度や見やすさを考えて，記事や

写真をどう配置するかを決める。　　〔　　　　　〕〔　　　　　〕

(2) 新聞をつくる際，あやまった報道によってきずつく人や不利益を受ける

人がいないように気をつけるほか，どのようなことに注意する必要があり

ますか。

〔　　　　　　　　　　　　　　　　　　　　　　　　　　　　　　　〕

😊 できなかった問題は，復習しよう。

38 情報は産業の中でどういかされている?

★店でいかされる情報通信技術（ぎじゅつ）

店では，売れ残りや売り切れが出ないように，コンピューターが集めた情報を商品管理にいかし，仕入れの量を決めています。

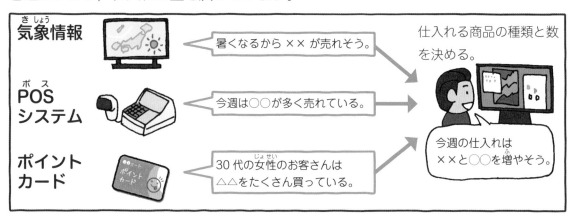

気象情報

暑くなるから×× が売れそう。

POS（ポス）システム

今週は○○が多く売れている。

ポイントカード

30代の女性（じょせい）のお客さんは△△をたくさん買っている。

仕入れる商品の種類と数を決める。

今週の仕入れは××と○○を増やそう。

★防災（ぼうさい）や医療（いりょう）にいかされる情報通信技術

パソコンやスマートフォン（スマホ）など，多くの情報通信機器を結んで情報のやりとりをするしくみを情報通信技術（ICT（アイシーティー））といいます。

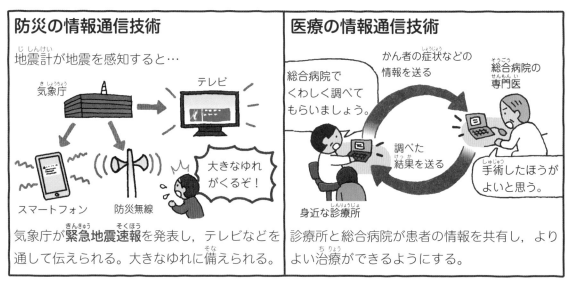

防災の情報通信技術

地震計（じしんけい）が地震を感知すると…

気象庁（きしょうちょう）

テレビ

スマートフォン　防災無線

大きなゆれがくるぞ！

気象庁が緊急地震速報（きんきゅうじしんそくほう）を発表し，テレビなどを通して伝えられる。大きなゆれに備（そな）えられる。

医療の情報通信技術

総合病院でくわしく調べてもらいましょう。

かん者の症状（しょうじょう）などの情報を送る

総合病院の専門医（そうごうびょういんのせんもんい）

調べた結果（けっか）を送る

手術（しゅじゅつ）したほうがよいと思う。

身近な診療所（しんりょうじょ）

診療所と総合病院が患者の情報を共有し，よりよい治療（ちりょう）ができるようにする。

1 ____ にあてはまる語句(ごく)を書きましょう。

(1) パソコンやスマートフォンなど，多くの情報通信機器を結んで情報のやりとりをするしくみを情報 ____ （ICT）といいます。

(2) 医療では，診療所と総合病院が ____ の症状などの情報を共有して，よりよい治療ができるようにしています。

(3) コンビニエンスストアなどの店では，売れ行きなどの情報を ____ の管理にいかしています。

(4) 緊急地震速報は,防災無線だけではなく, ____ やスマートフォンなどで受信して，大きなゆれに備えることができます。

2 次の問いに答えましょう。

(1) 右の図は商品の仕入れに情報をいかすしくみを表したものです。図の①～③にあてはまることばを答えましょう。

① 暑くなるから×× が売れそう。
② 今週は○○が多く売れている。
③ 30代の女性のお客さんは△△をたくさん買っている。

仕入れる商品の種類と数を決める。

今週の仕入れは××と○○を増やそう

① [　　　　　　　]　② [　　　　　　　]

③ [　　　　　　　]

(2) 医療の情報通信技術の説明として，正しいものを次の**ア～ウ**から選びましょう。

ア かん者が別の病院で受けた検査結果は共有されない。

イ 診療所と総合病院がかん者の診察(しんさつ)結果などを共有して治療する。

ウ かん者の負担(ふたん)が増えてしまうしくみである。

[　　　　]

😊 できなかった問題は，復習(ふくしゅう)しよう。

39 情報とくらしの関係は？

★ 情報通信技術がくらしを便利に

近年，パソコンやスマートフォン（スマホ）が身近になり，多くの人がインターネットを利用して必要な情報を調べたり，買いものをしたりしています。

ホームページでの調べもの

学校でも調べ学習の授業があるね。

電子マネー

ICチップを組みこんだカードやスマートフォンなどで支はらいができる。

インターネットショッピング

店に行かなくても，自宅で注文して自宅で商品を受け取ることができる。

★ 人とのコミュニケーションにいかされる情報通信技術

インターネットを使うと，世界中の人々といっしゅんで文字や写真などをやりとりできます。

SNS

ソーシャル・ネットワーキング・サービスの略。登録をした人同士でやりとりができる。

電子メール

遠くはなれた人と，文字や画像をやりとりできる。

インターネットのふきゅう率の変化

（通信利用動向調査ほか）

1 [　]にあてはまる語句を書きましょう。

(1) インターネットを活用し，パソコンやスマートフォンを使って，

[　　　　　　　　]で調べものができます。

(2) インターネットを通じて人とやりとりができるソーシャル・ネットワー

キング・サービスのことを，アルファベット3字で[　　　　　]とい

います。

2 くらしに利用される情報について，次の問いに答えましょう。

(1) 次の①〜③の文は，インターネットでできることを説明したものです。

それぞれ，何について説明したものですか。下の**ア〜ウ**から1つずつ選

びましょう。

① 文章や画像を遠くの相手にすばやく送ることができる。

② 店に行かずに，自宅で商品を受け取れる。

③ ICカードやスマートフォンで料金の支はらいができる。

ア 電子メール　　**イ** インターネットショッピング　　**ウ** 電子マネー

①[　　　　]　　②[　　　　]　　③[　　　　]

(2) 右のグラフはインターネットのふきゅう率

の変化を示したものです。2000年ごろと比べ，

2018年のふきゅう率はどうなっていますか。

ア・イのいずれかを選びましょう。

ア 増えている　　**イ** 減っている

[　　　　]

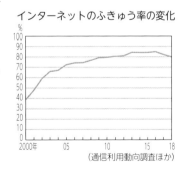

インターネットのふきゅう率の変化
(通信利用動向調査ほか)

😊 できなかった問題は，復習しよう。

右側タブ：4章 わたしたちのくらしと情報

40 情報をあつかうときの注意点は？

★ 情報を利用するときに気をつけることは？

情報を受け取るときは，必要な情報を選び，その内容を確かめて利用することが大切です。このような能力を**メディアリテラシー**といいます。

広告を受け取ったときは	調べものをするときは	クレジットカードの情報	インターネットショッピングのトラブル
送られてきたダイレクトメール / ラッキ～！ / 〇〇〇のお知らせ ぜったいお得!! / 今買えば特別に割引 / すぐ買わなきゃ！	この情報本当かな？ / 確かめたほうがいいよ。	クレジットカード番号を入力して下さい	決済完了 / 個人情報は守られているのかな？
本当に必要な情報か考える。	正しい情報かどうか確認する。	情報が流出しないように気をつける。	にせのサイトがあるので注意する。

★ とくに情報を発信するときに気をつけることは？

インターネットで情報を発信するときは，他人をきずつけたり，あやまった情報を流したりしないように，情報のあつかいに気をつけることが必要です。

むやみに個人情報を流さない	人がつくったものを勝手に使わない	相手の立場に立って情報を発信する	あやまった情報を流さない
え～っとぼくの住所は… / ニヤリ	コレかわいい！使っちゃおう。	ひどいことを書かないで… / 〇〇は××!! △△△!!	うわさによると…
写真もむやみに発信しない。	つくった人に許可をもらう。	だれかをきずつける内容は書きこまない。	コンピューターウイルスの感染にも気をつけよう。

基本練習

4章 わたしたちのくらしと情報

1 　□ にあてはまる語句(ご く)を書きましょう。

(1)　インターネットでは，情報を受け取るときだけでなく □ す

るときにも，情報のあつかいに気をつけることが必要です。

(2)　インターネットでは，住所や電話番号などの □ をむや

みに流さないことが大切です。

2 情報化社会について，次の問いに答えましょう。

(1)　□ にあてはまる語句を，下の（　　　）からそれぞれ選ん

で書きましょう。

　　①　□ を見て買い物をするときは，それ

が本当に必要なものかどうか，よく考えてから買うことが大切です。

　　②　インターネットを使うときは，情報機器に悪いえいきょうをあたえ

るコンピューター □ に感染しないよう，注意するこ

とが必要です。

　　③　さまざまな情報の中から，必要な情報を選んで活用する能力のこと

を □ といいます。

（　メディアリテラシー　　ダイレクトメール　　ウイルス　）

(2)　情報をあつかうときの注意点としてあやまっているものを，次の**ア~ウ**

から１つ選びましょう。

　　ア　正確(せいかく)な情報を発信する。　　　**イ**　むやみに個人情報を流さない。

　　ウ　他の人がつくったものでも勝手に使ってよい。

〔　　　　　〕

😊 できなかった問題は，復習(ふくしゅう)しよう。

1 情報を伝える方法について，次の問いに答えましょう。　【各8点　計32点】

(1) テレビや新聞など，情報を伝える方法のことを何といいますか。

〔　　　　　　　　　〕

(2) 情報を伝える方法には，それぞれ特色があります。次の①～③の特色をもつ方法をあとの**ア～エ**から1つずつ選びましょう。

① 世界各地との情報のやり取りができる。また，検（けん）さくすることで，いつでも必要な情報を得ることができる。　〔　　　　　　　　　〕

② 音声で情報をすばやく送ることができる。また，家事などほかの仕事をしながらでも情報を受け取りやすい。　〔　　　　　　　　　〕

③ テレビや新聞にくらべると情報を送るスピードはおそいが，テーマを決めて，くわしく情報を送ることができる。　〔　　　　　　　　　〕

ア 新聞　　**イ** ラジオ　　**ウ** ざっし　　**エ** インターネット

2 インターネットについて，次の問いに答えましょう。　【各9点　計36点】

(1) インターネットで情報を発信するときに大切なこととして，次の①～③のことがあげられます。それぞれにあてはまる行動をあとの**ア～ウ**から1つずつ選びましょう。

① 情報を受け取る側の立場に立って情報を発信する。　〔　　　　　〕

② 個人（こじん）情報が悪用されないように注意する。　〔　　　　　〕

③ 不確（ふたし）かな情報を発信しない。　〔　　　　　〕

ア 多くの人が見ることができるサイトに自分の住所や名前を書きこまない。

イ 人から聞いたうわさ話を，けいじ板などに書きこまない。

ウ けいじ板などに，自分と意見のちがう人の悪口を書きこまない。

学習日		得点
月	日	／100点

(2) インターネットで情報を受け取るときは，その情報が正しいかどうかを確か<ruby>確<rt>たし</rt></ruby>か
め，必要な情報を〔　　　　〕活用することが大切です。〔　〕にあてはま
る<ruby>語句<rt>ごく</rt></ruby>としてもっとも<ruby>適当<rt>てきとう</rt></ruby>なものを次の**ア〜ウ**から１つ選びましょう。

ア 加工して　　　　**イ** 選んで　　　　**ウ** 信用して　　　　〔　　　　　　〕

3

ゆかさんたちのクラスでは，学校のできごとをみんなに伝えようと考えまし
た。そのために，新聞かテレビのどちらの形式がよいかを話し合い，動画でテレ
ビのニュース番組のように伝えることになりました。このときの先生とゆかさん
たちとの会話を読んで，あとの問いに答えましょう。　　【(2)16点　ほかは各8点　計32点】

> 先生：ニュース番組だから，情報はすばやく，わかりやすく，公正に伝えることが大切
> だよ。みんなは，番組づくりのどんな仕事を<ruby>担当<rt>たんとう</rt></ruby>したいのかな？
> ゆか：わたしは〔　　　〕の仕事をしたいわ。できごとについて知っている人に話を聞
> くの。人によってできごとの受け取り方がちがうから，いろいろな人から情報を集め
> て<ruby>原稿<rt>げんこう</rt></ruby>をつくろうと思うわ。
> けんた：ぼくはビデオカメラで<ruby>現場<rt>げんば</rt></ruby>の様子を<ruby>撮影<rt>さつえい</rt></ruby>したいな。この仕事は，新聞にくらべ
> てテレビのよさをとくに<ruby>発揮<rt>はっき</rt></ruby>できる仕事だと思うんだ。
> まさし：ぼくは〔　　　〕。<ruby>正確<rt>せいかく</rt></ruby>に，わかりやすく話すことには自信があるからね。

(1) ゆかさんとまさし君の話の〔　　　〕にあてはまる仕事を次の**ア〜エ**から１つ
ずつ選びましょう。

ア <ruby>編集者<rt>へんしゅうしゃ</rt></ruby>　　　**イ** アナウンサー　　　**ウ** 記者　　　**エ** ディレクター

ゆか〔　　　　〕　まさし〔　　　　　〕

(2) ゆかさんの話の下線部について，ゆかさんは情報を伝えるときにとくにどん
なことに気をつけようとしていますか。先生の話にある語句を使って，かんた
んに書きましょう。　　　　〔　　　　　　　　　　　　　　　　〕

41 日本に多い自然災害って？

★日本は大きな地震が起こりやすい

　日本は，世界の中でも大きな地震が起こりやすい地域にあります。近年では，**東日本大震災**や**阪神・淡路大震災**などでとくに大きな被害が出ました。

地震が多い日本

大きな地震が起こると，建物がたおれたり，道路が通れなくなったりする。

大きな地震が起こったところ

[• は近年起こった大きな地震の震源地]

阪神・淡路大震災
1995年1月
死者・ゆくえ不明者
約6400人

東日本大震災
2011年3月
死者・ゆくえ不明者
2万人以上

熊本地震
2016年4月
死者250人以上

地震が海底で起こると，**津波**がおしよせることがある。

★ほかに起こりやすい災害は？

　日本は**火山**が多く，たびたび噴火による被害が出ます。また，**こう水**や**土砂くずれ**などでも，家や田畑に大きな被害が出ます。

火山の噴火

よう岩や火山灰を噴出し，田畑や家などに被害を出す。

こう水

台風のときの大雨などによって川がはんらんする。

つゆ（梅雨）末期の集中豪雨でも水害が起こりやすい。

土砂くずれ

大雨によって山の土砂がくずれ，家などをおしつぶす。

地震によって起こることもある。

1 ┃ ┃にあてはまる語句(ごく)を書きましょう。

(1)　2011年に起きた ┃　　　　　┃大震災は，東北(とうほく)地方を中心に2万人以上の死者・ゆくえ不明者を出しました。

(2)　1995年に近畿(きんき)地方で起こった大地震を ┃　　　　　┃大震災といいます。

(3)　┃　　　　　┃は海底で地震が起こったときに発生することがあり，海岸におしよせて被害をあたえます。

(4)　日本は ┃　　　　　┃の噴火が多く，よう岩や火山灰を噴出して家や田畑などに大きな被害が出ることがあります。

(5)　川のはんらんなどによるこう水は，つゆ（梅雨）末期の集中豪雨や，┃　　　　　┃のときの大雨などによって起こりやすい。

2 右の写真を見て，次の問いに答えましょう。

(1)　**写真1** は，大雨によって起きた自然災害の様子です。この災害を何といいますか。

〔　　　　　　　〕

写真1

(楠本弘児／PPS通信社)

(2)　**写真2** は，大きな地震によって海水が持ち上げられて起きた自然災害による被害の様子です。この災害を何といいますか。

〔　　　　　〕

写真2

(朝日新聞社／PPS通信社)

:) できなかった問題は，復習(ふくしゅう)しよう。

42 災害にはどのように備える？

★自然災害へ備える取り組み

　国や都道府県，市などでは，自然災害に備え，被害を減らすために，さまざまな施設やしくみをつくっています。

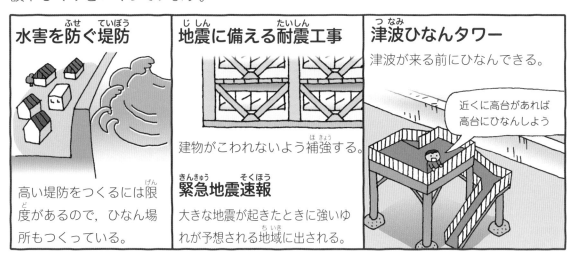

水害を防ぐ堤防

高い堤防をつくるには限度があるので，ひなん場所もつくっている。

地震に備える耐震工事

建物がこわれないよう補強する。

緊急地震速報

大きな地震が起きたときに強いゆれが予想される地域に出される。

津波ひなんタワー

津波が来る前にひなんできる。

近くに高台があれば高台にひなんしよう

★くらしの中で災害に備えるには？

　市や町などがつくっている**ハザードマップ**（防災マップ）を見ておきましょう。また，災害時は電気・ガス・水道などのライフラインが止まってしまうことがあるので，飲み水などの非常用持ち出し品を準備しておくことも大切です。

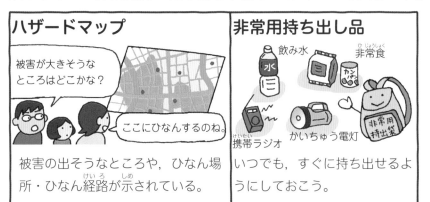

ハザードマップ

被害が大きそうなところはどこかな？

ここにひなんするのね。

被害の出そうなところや，ひなん場所・ひなん経路が示されている。

非常用持ち出し品

飲み水　非常食

携帯ラジオ　かいちゅう電灯

非常用持出袋

いつでも，すぐに持ち出せるようにしておこう。

日ごろから災害に備えておくことで被害を減らす減災が大事だね。

1 □ にあてはまる語句(ごく)を書きましょう。

(1) 川の近くなどでは，水害を防ぐために □ が築(きず)かれています。

(2) □ は，市や町などが災害に備えてつくっている地図です。

(3) 地震による □ が起こったときのひなん場所として，津波ひなんタワーをつくっているところがあります。

(4) 災害のときには，電気・ガス・水道などの □ が止まってしまうことがあります。

5章 わたしたちの生活と環境

2 次の問いに答えましょう。

日本ではさまざまな自然災害に備える取り組みが行われています。次の①〜③は何の自然災害を防ぐためのものか答えましょう。また，①〜③にあてはまるものを，下の写真A〜Cからそれぞれ選びましょう。

① 津波ひなんタワー　② 堤防　③ 耐震工事

A

(大塚知則／PPS通信社)

B

(Alamy／PPS通信社)

C

(ピクスタ)

① 自然災害 [　] 写真 [　]
② 自然災害 [　] 写真 [　]
③ 自然災害 [　] 写真 [　]

😊 できなかった問題は，復習(ふくしゅう)しよう。

43 森林にはどのようなはたらきがある?

★水をたくわえ，空気をきれいにしている

日本は**森林**が豊富な国で，国土の約3分の2が森林です。森林には豊かな自然環境を守り，わたしたちの生活を支えるはたらきがあります。

水をたくわえる	空気をきれいに	土砂くずれを防ぐ	木材をつくる
	二酸化炭素を吸収して酸素を出し，空気をきれいにする。		
水をたくわえ，少しずつ川に流す。		根が土を支え，土砂くずれを防いでいる。	生活を支える木材を生み出している。

★魚を育てたり，家を守ったりするはたらきもある

近年，山に植林をして森林を増やす取り組みが各地で行われています。これは，森林に魚を育てるはたらきがあるからです。風などから家を守っている森林もあります。

森林が魚を育てる理由

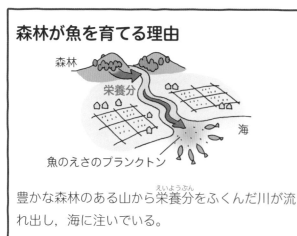

森林
栄養分
海
魚のえさのプランクトン

豊かな森林のある山から栄養分をふくんだ川が流れ出し，海に注いでいる。

防風林
家を風から守る。

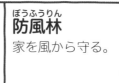

防砂林
田畑を砂から守る。

基本練習

→ 答えは別さつ12ページ

1 〔　〕の中で正しいほうを選びましょう。

(1) 日本は，国土の約〔 ３分の１・３分の２ 〕が森林におおわれています。

(2) 森林には，〔 二酸化炭素・酸素 〕をつくり，空気をきれいにするはたらきがあります。

(3) 森林を増やすため，山に〔 植林・伐採 〕をする取り組みが各地で行われています。

(4) 森林には，〔 水・光 〕をたくわえ，少しずつ川に流すはたらきがあります。

(5) 森林は，根で土を支え，〔 土砂くずれ・津波 〕を防いでいます。

2 生活と森林について，次の問いに答えましょう。

(1) 次の①，②にあてはまる写真を，下の **A ～ C** から選びましょう。

① 防風林　② 防砂林

A

（ピクスタ）

B

（ピクスタ）

C

（ピクスタ）

①〔　　　　〕　②〔　　　　〕

(2) 森林が魚を育てる理由を説明した次の文を読み，〔　　〕にあてはまる語句を書きましょう。

豊かな森林のある山から栄養分をふくんだ〔　　　　〕が流れ出し，それが〔　　　　〕に栄養分を注いでいるため。

😊 できなかった問題は，復習しよう。

44 森林を育てる仕事って？

★林業は，森林を育てる仕事

森林には，自然のままの**天然林**と，人が育てている**人工林**とがあります。人工林では，木を植えて（**植林**）から切り出す（**伐採**）まで何十年もの長い年月がかかります。

森林を育てる仕事（林業）

植林	下草がり	間伐	伐採
大きくなれよ。	木の生長をよくするためだよ。	太陽の光がとどくようにしているよ。	
育てた苗木を植える。	雑草などをかりとる。	まわりの弱っている木などを切る。	木を切ってトラックで運び出す。

★林業をさかんにする取り組み

近年，働く人の減少や外国産の木材の輸入増加により，林業の仕事は苦しくなっています。そのため，日本の木のよさを見直す取り組みが進められています。

林業で働く人が減った

輸入される木材が増えたからなあ。

とくに若い働き手が少なくなったよ。

日本で必要な木材の多くは，外国から輸入されている。

国産木材を使って林業をさかんに

国産木の家

ステキ！

最近は，国産の木材がしめる割合が少しずつ増えてきている。

基本練習

→ 答えは別さつ12ページ

1 [   ] の中で正しいほうを選びましょう。

(1) 森林のうち，自然のままの森林を [天然林・人工林] といい，人が育てている森林を [天然林・人工林] といいます。

(2) 森林を育てる仕事のうち，植林したあと，木の生長をよくするために雑草などをかりとることを [下草がり・間伐] といいます。

(3) まわりの弱っている木などを切ることを [下草がり・間伐] といいます。

(4) 近年，林業で働く人の中でも，とくに [若い人・お年寄り] が少なくなっています。

(5) 日本で必要な木材の多くは [外国から輸入・国内で生産] されています。

2 林業について，次の問いに答えましょう。

(1) 森林を育てる仕事はどのような順で行われていますか。次の**ア〜エ**を順番にならべましょう。

ア 弱っている木を切るよ。
ウ 大きくなれよ。
エ 木の生長をよくするためだよ。

[→   →   →   ]

(2) (1)の**ア**で，まわりの弱っている木を切るのはなぜですか。かんたんに答えましょう。

[   ]

:) できなかった問題は，復習しよう。

45 公害ってどんなこと？

★公害とは，人間の活動によって環境が悪くなること

わたしたちのくらしの中で，生活や健康をおびやかすさまざまな公害が起こっています。とくにそう音や大気のよごれなどは多くの人に被害をあたえています。

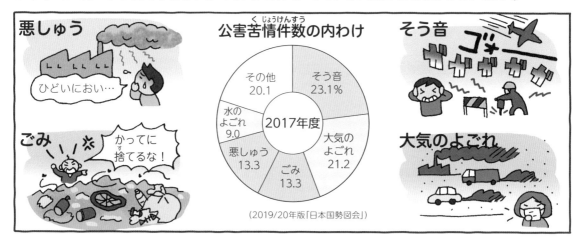

悪しゅう
ひどいにおい…

ごみ
かってに捨てるな！

公害苦情件数の内わけ

2017年度

その他 20.1
そう音 23.1%
大気のよごれ 21.2
ごみ 13.3
悪しゅう 13.3
水のよごれ 9.0

（2019/20年版「日本国勢図会」）

そう音

大気のよごれ

★とくに大きな被害を出した四大公害病

経済がいちじるしく成長した1950年代から各地で深刻な公害が発生しました。とくに多くの人が病気に苦しんだ4つの公害病を四大公害病とよんでいます。

四大公害病が起こったところ

イタイイタイ病（富山県）
鉱山から出たカドミウムが原因。はげしいいたみに苦しむ。

新潟水俣病（新潟県）
化学工場から出た有機水銀が川を汚染したことが原因。手足がしびれ，目や耳が不自由になる。

水俣病（熊本県・鹿児島県）
化学工場から出た有機水銀が海を汚染したことが原因。手足がしびれ，目や耳が不自由になる。

四日市ぜんそく（三重県）
石油化学工場から出たけむりが原因。はげしいぜんそくが起こる。

新潟水俣病
阿賀野川下流域

イタイイタイ病
神通川下流域

水俣病
八代海沿岸

四日市ぜんそく
四日市市

基本練習

→ 答えは別さつ13ページ

1 次の ［ ］ にあてはまる語句を, 下の( )の中から選びましょう。

(1) 飛行機や工事などの ［ ］ は, 人々の生活に被害をあたえる公害の１つです。

(2) 身のまわりの公害の中で, (1)に次いで苦情件数が多いのは ［ ］ のよごれです。

(そう音 ごみ 悪しゅう 大気)

2 環境と公害について, 次の問いに答えましょう。

(1) 次の①〜③の文は, 四大公害病の症状を説明したものです。それぞれの症状にあてはまる公害病の名前を, 下の( )から選んで書きましょう。

① 工場のけむりにより, はげしいぜんそくが起こる。

② 工場から出て海を汚染した有機水銀により, 手足がしびれ, 目や耳が不自由になる。

③ 鉱山から出たカドミウムにより, 全身のはげしいいたみに苦しむ。

(水俣病 イタイイタイ病 四日市ぜんそく)

① ［   ］ ② ［   ］

③ ［   ］

(2) (1)の①〜③の公害病が起こった場所を, 右の地図中の**ア**〜**ウ**からそれぞれ選びましょう。

① ［   ］   ② ［   ］

③ ［   ］

😊 できなかった問題は, 復習しよう。

1　森林のはたらきや森林を育てる仕事について，次の文を読んで，あとの問い
に答えましょう。

【(3)16点　ほかは各8点　計40点】

森林には，わたしたちのくらしに必要な木材を生み出すほかにも，水をたくわえたり，
①空気をきれいにしたりするなど自然環境を守るさまざまなはたらきがあります。また，
②森林は漁業をさかんにするはたらきもあります。そのため，山に植林して森林を増や
す取り組みも進められています。

(1)　下線部①について，森林は地球温暖化を防ぐためにも重要なはたらきをもっ
ています。そのわけについて，次の文の〔　　　〕にあてはまる語句を書きましょ
う。

森林は，地球温暖化の原因の温室効果ガスの1つである〔　　　　〕を吸って
酸素を出すから。　　　〔　　　　　　　　　　　〕

森林

栄養分

えさのプランクトン

(2)　下線部②について説明した次の文のA・B
にあてはまる語句を書きましょう。

右の図のように，森林から栄養分が川を
通って〔　A　〕に流れこみ，プランクトン
が増えて〔　B　〕が集まるから。

A〔　　　　　　　〕B〔　　　　　　　〕

(3)　次のア～ウは，森林を育てる仕事のうち，植林（苗木を植える）してから木
材ができるまでの間に行う仕事です。ア～ウの仕事を行う順番にならべかえま
しょう。

ア　まわりの弱っている木を切る（間伐）

イ　雑草などをかりとる（下草がり）

ウ　木を切り出す（伐採）

〔　　　→　　　→　　　〕

学習日	得点
月　　　日	／100点

2

写真や地図，グラフを見て，次の問いに答えましょう。

【(1)③各8点　ほかは各9点　計60点】

(1) 写真は，地図中の
Aの地域をおそった
自然災害による被害
の様子です。次の問
いに答えましょう。

(朝日新聞社／PPS通信社)

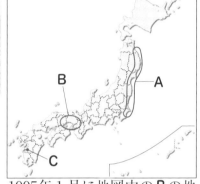

① 地震によって起こったこの自然災害を何
といいますか。　〔　　　　　　　〕

② 近年，日本では大きな地震が起きています。1995年1月に地図中の**B**の地
域をおそった地震を何といいますか。　〔　　　　　　　〕

③ 地震による被害を減らすために，どのような対策がとられていますか。次
の**ア〜オ**からあてはまるものを3つ選びましょう。

ア 堤防　　　　　**イ** 耐震工事　　　**ウ** 防雪林
エ 緊急地震速報　**オ** ハザードマップ

〔　　　　〕〔　　　　〕〔　　　　〕

(2) 公害病について，上の地図と右のグラフを見て，次の問いに答えましょう。

① 地図中の**C**の地域では，1950年代から，化学工
場から出た有機水銀で魚が汚染され，多くの人が
苦しむ公害病が起こりました。この公害病を何と
いいますか。　〔　　　　　　　〕

② 右のグラフは，公害でよせられた苦情件数の内
わけを示したものです。①の公害病の原因となっ
たのはどれですか。グラフ中の言葉を使って答え
ましょう。

その他
水の
よごれ
9.0
悪しゅう
13.3
ごみ
13.3
そう音
23.1%
2017年度
大気の
よごれ
21.2

(2019/20年版「日本国勢図会」)

〔　　　　　　　〕

小5社会をひとつひとつわかりやすく。 改訂版

編集協力
粕谷佳美

カバーイラスト・シールイラスト
坂木浩子

本文イラスト
青橙舎（高品吹夕子）

ブックデザイン
山口秀昭（Studio Flavor）

図版
ゼム・スタジオ，木村図芸社

写真提供
写真そばに記載

DTP
㈱四国写研

小5社会を
ひとつひとつわかりやすく。
［改訂版］

解答と解説

 軽くのりづけされているので，
外して使いましょう。

Gakken

01 日本は地球のどこにある?

 本文 007 ページ

1 ☐ にあてはまる語句を書きましょう。

(1) 日本は, **ユーラシア** 大陸の東に位置しています。

(2) 日本は, まわりを海に囲まれている島国で, 東と南には, **太平** 洋が広がっています。

(3) 地球儀や地図に引かれているたての線を **経線** といいます。

(4) 世界の大陸のうち, 最も面積の大きな大陸は **ユーラシア大陸** です。

2 次の図を見て, あとの問いに答えましょう。

(1) Xが示す線は緯度0度の線です。この線を何といいますか。
〔 **赤道** 〕

(2) Yで示した海洋の名前を答えましょう。
〔 **大西洋** 〕

(3) Zの大陸の名前を答えましょう。
〔 **北アメリカ大陸** 〕

解説 **2** (2) 太平洋と大西洋の最初の1文字は, 読みは同じですが漢字がちがいます。

---

02 世界にはどんな国がある?

 本文 009 ページ

1 〔 〕の中で正しいほうを選びましょう。

(1) ユーラシア大陸にあり, 世界で面積が最も大きい国は 〔 **ロシア連邦**・ブラジル 〕です。

(2) 日本の真南にあり, 日本と季節が逆の国に 〔 **オーストラリア**・イギリス 〕があります。

(3) 北アメリカ大陸には, アメリカ合衆国や 〔 アルゼンチン・**カナダ** 〕などの国々があります。

(4) アフリカ大陸には 〔 サウジアラビア・**エジプト** 〕などの国々があります。

2 ①~③の国旗はどこの国のものですか。下の地図のA~Fから選びましょう。

① 〔 **C** 〕　　② 〔 **F** 〕　　③ 〔 **E** 〕

解説 **2** ③ アメリカ合衆国の国旗は, 星の数が現在の州の数を表しています。

---

03 日本の範囲はどこまで?

 本文 011 ページ

1 〔 〕の中で正しいほうを選びましょう。

(1) 日本は, 北海道, 〔 **本州**・淡路島 〕, 四国, 九州の4つの大きな島と, そのほかの小さな島々からなっています。

(2) 日本は, およそ北緯〔 **20度**・30度 〕から北緯〔 36度・**46度** 〕の範囲に位置しています。

(3) 日本は, およそ東経〔 102度・**122度** 〕から東経〔 134度・**154度** 〕の範囲に位置しています。

(4) 日本の南のはしは〔 南鳥島・**沖ノ鳥島** 〕です。

2 右の地図や写真を見て, 次の問いに答えましょう。

(1) 次の文の( )にあてはまることばを書きましょう。

日本は, 北海道, 本州, 四国, (①)という4つの大きな島と小さな島々からなる国です。日本のまわりには, Aの(②), 韓国, ロシア連邦などがあります。

① 〔 **九州** 〕　② 〔 **中華人民共和国** 〕

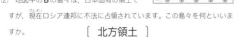

(2) 地図中のBの島々は, 日本固有の領土ですが, 現在ロシア連邦に不法に占領されています。この島々を何といいますか。
〔 **北方領土** 〕

(3) 写真の島は日本固有の領土ですが, 韓国が不法に占領しています。この島の位置を上の地図のあ~うから1つ選びましょう。
〔 **い** 〕

解説 **2** (2) 北方領土の1つである択捉島は, 日本の北のはしとなっている島です。

---

04 日本はどんな地形?

 本文 013 ページ

1 〔 〕の中で正しいほうを選びましょう。

(1) 日本は, 国土のおよそ〔 4分の1・**4分の3** 〕を山地がしめています。

(2) 日本の川は世界の川とくらべると, 〔 **短い**・長い 〕川が多いです。

(3) 日本の川は, 世界の川とくらべると, 流れが〔 **急**・ゆるやか 〕な川が多いです。

(4) 日本は大地の活動が活発な地域にあるため〔 **火山**・湖 〕が多く, たびたび噴火して, 被害が出ます。

(5) 日本の川は, 大雨がふるとすぐに水量が増えて, 〔 **こう水**・津波 〕などの水害が起こりやすいのが特ちょうです。

2 次の問いに答えましょう。

(1) 日本の川で大雨がふるとこう水が起こりやすい理由を次のア~エから1つ選びましょう。

ア 火山が多いから。

イ 大地の活動が活発だから。

ウ 川の長さが短く, 流れが急だから。

エ 四季がはっきりしているから。
〔 **ウ** 〕

(2) 右の資料は日本の川と世界の川をくらべたものです。ア~カから, 日本の川を3つ選びましょう。

〔 **ア** 〕〔 **イ** 〕〔 **ウ** 〕

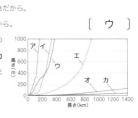

解説 **2** (2) 日本の川は短く流れが急なので, 急な角度のカーブをえがいているものを選びましょう。

05 日本のおもな地形にはどんなものがある？

本文015ページ

1 〔　〕の中で正しいほうを選びましょう。

(1) 北海道や東北地方では、山脈が〔南北・**東西**〕の方向に連なっています。

(2) 〔九州・**本州**〕の中央部には、飛驒山脈や木曽山脈、赤石山脈など、とくに高い山脈が連なっています。

(3) 越後平野には、日本で最も長い〔**信濃**・石狩〕川が流れています。

(4) 利根川は、日本で最も広い〔**関東**・庄内〕平野を流れています。

2 右の図と地図を見て、次の問いに答えなさい。

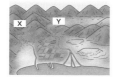

(1) 図中の**X**は、ゆるやかに山が連なっている山地です。この地形の名前を答えましょう。〔 **高地** 〕

(2) 図中の**Y**は、山に囲まれた平地です。この地形の名前を答えましょう。
〔 **盆地** 〕

(3) 地図中の**ア〜エ**で示した地形の名前を答えましょう。

ア〔 **石狩** 〕平野

イ〔 **最上** 〕川

ウ〔 **飛驒** 〕山脈

エ〔 **琵琶** 〕湖

解説 **2** (2) 盆地という名は、中国のやや深みのある器に形が似ていることからつけられました。

---

06 低い土地ではどんなくらしをしている？

本文017ページ

1 　　にあてはまる語句を書きましょう。

(1) 海津市の低地では、昔から家や田畑のまわりを**堤防**で囲み、水害を防いできました。

(2) 海津市の輪中地域では、家は**高い**ところにつくられています。

(3) 田の**広さ**や形を整えることで、機械が使いやすくなり、米づくりが効率的にできるようになりました。

(4) いらない水をくみ出す**排水機場**がつくられて輪中の水はけがよくなり、こう水の被害が少なくなりました。

2 右の写真を見て、次の問いに答えましょう。

写真1

(1) 写真1は、水害から家や田畑を守るために堤防で囲われた土地です。このような土地を何といいますか。〔 **輪中** 〕

写真2

(2) 写真2は、いらない水をポンプでくみ上げて川へ流す機械です。この機械の役割は何ですか。「こう水」ということばを使って書きましょう。

〔 **こう水の被害を少なくする。** 〕

解説 **2** (2) ほかにも、水はけをよくして農業をしやすくする役割があります。

---

07 高い土地ではどんなくらしをしている？

本文019ページ

1 〔　〕の中で正しいほうを選びましょう。

(1) 高原の夏は〔暑い・**すずしい**〕ので、レタスやキャベツの栽培に適しています。

(2) 山の斜面に合わせて階段のようにつくられた田を〔**棚田**・乾田〕といいます。

(3) 嬬恋村は火山灰におおわれて作物が育ちにくい土地でしたが、夏のすずしい気候をいかして〔キュウリ・**キャベツ**〕栽培を始めました。

2 高い土地での農業について、次の問いに答えましょう。

(1) 群馬県でつくられたキャベツの取り扱い量が最も多いのは何月ですか。右のグラフを見て、次の**ア〜エ**から１つ選びましょう。

ア　8月　　イ　1月

ウ　5月　　エ　10月

〔 **ア** 〕

東京都の市場でのキャベツの月別取り扱い量

(2) 嬬恋村などの高原でキャベツやレタスの栽培がさかんなのはなぜですか。右の２つのグラフを見て理由を答えましょう。

〔**ほかの産地よりもすずしいため、出荷量が少ない夏にキャベツやレタスを栽培できるから。**〕

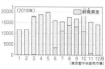
東京と群馬県嬬恋村の月別平均気温

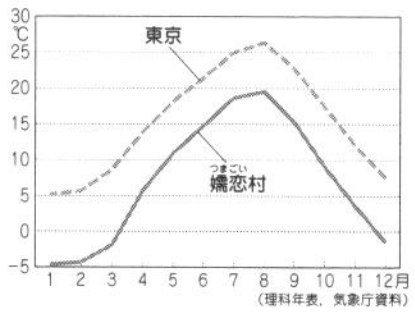

解説 **2** 高原ではすずしい気候をいかして、暑さに弱いキャベツなどを夏につくっています。

---

08 日本の気候の特色は？

本文023ページ

1 　　にあてはまる語句を書きましょう。

(1) 日本の気候の特色の１つに、春・**夏**・**秋**・冬のちがいがはっきりしていることがあげられます。

(2) 日本の気候にえいきょうをあたえている風で、季節によってふく方向が変わる風を**季節風**といいます。

(3) ６〜７月に雨の日が続く期間を**つゆ（梅雨）**といいます。

(4) 土地の**高い**ところほど気温が低くなります。

2 日本の気候について、次の問いに答えましょう。

(1) 日本の気候の特色として正しくないものを、次の**ア〜エ**から１つ選びましょう。

ア　地域によって降水量の多い時期がちがう。

イ　季節風のえいきょうを受ける。

ウ　降水量は１年中どの月もだいたい同じである。

エ　つゆや台風のときに雨が多くなる。

〔 **ウ** 〕

(2) 太平洋側の地域では、夏から秋にかけて降水量が多くなっています。この時期に日本をおそい、強い風と大雨で被害をもたらすこともある気象現象を何といいますか。

〔 **台風** 〕

解説 **2** 日本では、６〜７月のつゆの時期と台風がくる夏から秋にかけてよく雨がふります。

09 季節風は日本の気候にどんなえいきょうをあたえている？ 本文025ページ

1 〔 〕の中で正しいほうを選びましょう。

(1) 日本では冬の季節風は、〔 **大陸**・太平洋 〕からふきます。

(2) 日本では夏の季節風は、〔 大陸・**太平洋** 〕からふきます。

(3) 冬の降水量が多いのは〔 **日本海側**・太平洋側 〕です。

(4) 冬の季節風は、日本海側の山ぞいの地域に多くの〔 雨・**雪** 〕をふらせます。

(5) 日本では、季節風は、〔 夏・**冬** 〕は北西からふき、〔 **夏**・冬 〕は南東からふきます。

2 右の地図を見て、次の問いに答えましょう。

(1) 地図中の**A**と**B**は、季節によってふく方向がことなる季節風の向きを示したものです。このうち、冬の季節風を示しているのは、どちらですか。〔 **A** 〕

(2) 季節風のえいきょうで夏の降水量が多くなるのは日本海側と太平洋側のどちらですか。

〔 **太平洋側** 〕

解説 **2** (1) 冬は大陸から季節風がふいてくるため、日本海側の降水量が多くなります。

---

10 あたたかい地域のくらしは？ 本文027ページ

1 □□□にあてはまる語句を書きましょう。

(1) 沖縄県のあたたかく、すんだ海には〔 **さんご** 〕礁が広がっています。

(2) 沖縄県では、夏から秋にかけてたびたび〔 **台風** 〕が通るため、大雨や強風による被害が出ます。

(3) 沖縄県の伝統的な家では、屋根の〔 **かわら** 〕をしっくいで固め、強風で飛ばないようにしています。

(4) 沖縄県は自然が美しく、〔 **琉球** 〕王国時代の遺跡も多いので、多くの観光客がおとずれます。

2 沖縄県について、右のグラフを見て次の問いに答えましょう。

(1) 小ぎくが冬に多く出荷されているのはなぜですか。次の**ア**～**ウ**からその理由を1つ選びましょう。

ア 日照時間が長いから。

イ あたたかい気候だから。

ウ 台風が多く通るから。

〔 **イ** 〕

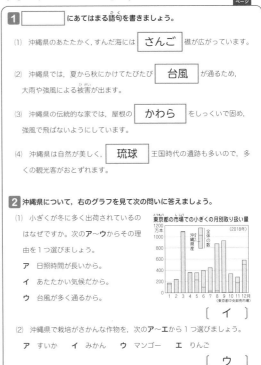

東京都の市場での小ぎくの月別取り扱い量

(2) 沖縄県で栽培がさかんな作物を、次の**ア**～**エ**から1つ選びましょう。

ア すいか　　イ みかん　　ウ マンゴー　　エ りんご

〔 **ウ** 〕

解説 **2** (1) 沖縄県ではあたたかい気候をいかして、時期をずらして作物をつくっています。

---

11 寒い地域のくらしは？ 本文029ページ

1 □□□にあてはまる語句を書きましょう。

(1) 雪の多い地域では、屋根に積もる雪をかたむきが〔 **急** 〕な金属製の屋根で落としていましたが、最近は、屋根の下に雪が落ちないようにくふうした無落雪の家が増えています。

(2) 雪の多い地域では、雪まつりなどの行事を行って、全国から多くの〔 **観光** 〕客に来てもらえるように努めています。

(3) 北海道では十勝平野などで、〔 **てんさい**（さとうだいこん） 〕というさとうの原料になる作物の栽培がさかんです。

(4) 北海道で大きぼな畑作がさかんなのは、土地が〔 **広い** 〕からです。

(5) 北海道では、乳牛を育てて牛乳やバターなどを生産する〔 **酪農** 〕がさかんです。

2 右の絵を参考に、雪が多い地域で見られる家のくふうを次のア～エから2つ選びましょう。

ア 屋根がわらをしっくいで固めている。

イ まどは二重になっている。

ウ 家のまわりを石垣で囲んでいる。

エ かべに断熱材を使っている。

〔 **イ** 〕〔 **エ** 〕

解説 **2** 室内のあたたかさをにがさないくふうがされています。

---

12 米づくりのさかんな地域はどこ？ 本文033ページ

1 □□□にあてはまる語句を書きましょう。

(1) 米づくりは、川が流れ、〔 **水** 〕が豊富なところでさかんです。

(2) 米の収かく量がとくに多いのは、〔 **東北** 〕地方の県と、新潟県や北海道などです。

(3) 米づくりには、夏の気温が〔 **高い** 〕ことも重要です。

2 右の資料を見て、次の問いに答えましょう。

(1) 資料①を見て、次の①・②の□□□にあてはまることばや数字を書きましょう。

米の収かく量は、

① 〔 **東北** 〕地方がもっとも多く、全体の約

② 〔 **4** 〕分の1をしめている。

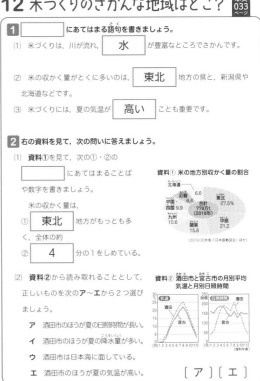

資料① 米の地方別収かく量の割合

(2) 資料②から読み取れることとして、正しいものを次の**ア**～**エ**から2つ選びましょう。

ア 酒田市のほうが夏の日照時間が長い。

イ 酒田市のほうが夏の降水量が多い。

ウ 酒田市は日本海に面している。

エ 酒田市のほうが夏の気温が高い。

資料② 酒田市と宮古市の月別平均気温と月別日照時間

〔 **ア** 〕〔 **エ** 〕

解説 **2** (2) 山形県酒田市がある庄内平野では水が豊富で夏の気温が高くなるため、米づくりがさかんです。

13 米はどのようにしてつくられるの？

1 □ にあてはまることばを書きましょう。

(1) 米づくりは、土づくりとともに、ビニールハウスなどを利用しながら、じょうぶな [苗] を育てるところから始まります。

(2) 田植えの前には、田おこしや [代かき] をして、田植えがしやすい土をつくります。

2 次の米づくりについての写真を見て、あとの問いに答えましょう。

(1) Ⓐ〜Ⓓの作業にあてはまるものを、下の**ア〜エ**から選びましょう。

(A.Bとも Cynet Photo)

ア 代かき　イ 稲かり　ウ 田植え　エ 苗づくり

Ⓐ〔 ウ 〕　Ⓑ〔 ア 〕
Ⓒ〔 エ 〕　Ⓓ〔 イ 〕

(2) Ⓐ〜Ⓓを作業が始まる順番にならべかえましょう。

〔 Ⓒ → Ⓑ → Ⓐ → Ⓓ 〕

(3) 次の①・②にあてはまる作業をⒶ〜Ⓓから1つずつ選びましょう。

① 作業にはコンバインが使われることが多い。〔 Ⓓ 〕

② 水をはった田を、平らにする。 　〔 Ⓑ 〕

解説 **2** (2) Ⓑの代かきの前に田おこし（土を耕す）をします。

---

14 米はどのようにしてとどけられる？

1 □ にあてはまる語句を書きましょう。

(1) 収かくしたもみは [カントリーエレベーター] 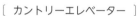でかんそうさせて保管されます。

(2) 米の多くは、(1)に保管されたあと、[農業協同組合（ＪＡ）] を通して米屋やスーパーマーケットに出荷されます。

(3) 消費者は自宅のパソコンなどから、米を直接 [インターネット]で注文することができます。

(4) 国内で米を運ぶときには、全国に張りめぐらされた [高速道路（国道）] が活用されています。

2 右の写真を見て、次の問いに答えましょう。

(1) 右の写真は、米が出荷されるまでに保管されているしせつです。このしせつの名前を答えましょう。

〔 カントリーエレベーター 〕

(ピクスタ)

(2) 消費者の元に米がとどくまでの流れとしてまちがっているものを、**ア〜エ**から1つ選びましょう。

ア 米屋に出荷する。

イ 消費者に田まで買いに来てもらう。

ウ インターネットで注文を受けて出荷する。

エ スーパーマーケットに出荷する。

〔 イ 〕

解説 **2** (2) **ウ**は生産者から直接消費者に送られる流通経路です。

---

15 米の生産を増やすくふうは？

1 〔 〕の中で正しいほうを選びましょう。

(1) ちがう品種のよいところをかけ合わせて、新しい品種をつくることを〔**品種改良**・生産調整〕といいます。

(2) 農作業は、〔**機械**・工業〕化が進む前までは、おもに人の手で行われていました。

(3) 耕地整理（ほ場整備）をして田を〔**広く**・小さく〕整えると、大型機械を使った農作業がしやすくなります。

(4) 牛やぶたのふんにょうに、もみがら・わらなどをまぜた〔 化学肥料・**たい肥** 〕は自然の力を利用した環境にやさしい肥料です。

2 次の①〜③の文ともっとも関係の深いことばを、あとの**ア〜カ**から1つずつ選びましょう。

① 環境や健康を大切にするために、農薬や化学肥料をできるだけ使わず、たい肥を使う取り組みがさかんになっています。 〔 エ 〕

② ちがう品種のよいところをかけ合わせて、新しい品種をつくり出し、おいしい米をつくろうとする研究が進んでいます。 〔 ウ 〕

③ 田の形を整えて広くしたり、用水路・排水路を整備したりすることで、農家の労働時間が短くなりました。 〔 イ 〕

ア カントリーエレベーター　イ 耕地整理
ウ 品種改良　エ 有機農業　オ 代かき
カ 抑制栽培

解説 **2** ① 有機農業とは3年以上農薬と化学肥料を使わずに栽培することです。

---

16 農家が困っていることって？

1 〔 〕の中で正しいほうを選びましょう。

(1) 日本では、〔 **米**・肉 〕の消費量が減ってきています。

(2) 米が〔**あまる**・不足する〕ようになったため、1960年代後半から米の生産調整が行われるようになりました。

(3) 米の粉を使った食品や無洗米をつくることで、米の〔**消費**・生産〕量を増やす取り組みが行われています。

(4) 1960年代末から行われた米の生産調整によって、米以外の作物をつくる〔**転作**・二毛作〕が行われるようになりました。

2 次の米づくりについての資料を見て、問いに答えましょう。

(1) 1970年と比べて、2017年の農業人口はどのように変化していますか。右の**資料ⓐ**を見て答えましょう。

〔 減っている。 〕

資料ⓐ 農業人口の変化

（農業構造動態調査 ほか）
※1995年は15〜29才
60才以上／30〜59才／16〜29才※

(2) **資料ⓘ**を見て、次の□にあてはまることばを書きましょう。

資料ⓘを見ると、1960年代後半から1970年代後半にかけて、米の① [生産]量が② [消費]量を上回ることが多くなり、米があまるようになった。そのため政府は、生産調整を行った。

資料ⓘ 米の生産量と消費量の変化

生産量／消費量
(2019/20年版「日本国勢図会」ほか)

解説 **2** (2) かつて米の生産量は国が決めていましたが、今は農家が自由に決められます。

17 野菜・くだものの生産がさかんな地域はどこ？ 本文043ページ

1 〔 〕の中で正しいほうを選びましょう。

(1) あたたかい地域やすずしい地域では、野菜を〔 高い ・ 安い 〕ねだんで売るため、ほかの地域と時期をずらして出荷するくふうをしています。

(2) くだもののぶどうやももの生産は〔 雨の多いところ ・ 水はけのよいところ 〕でさかんです。

(3) 大都市に近い地域の野菜づくりは、大都市に野菜を〔 早 ・ 高 〕く、新鮮なうちにとどけることができます。

2 右の資料のあといは、あるくだものの収かく量が上位３位までの県をそれぞれ表しています。これを見て、次の問いに答えましょう。

(1) あといのくだものは何ですか。次のア～エから１つずつ選びましょう。

ア ぶどう　　イ みかん
ウ りんご　　エ もも

あ〔 エ 〕い〔 イ 〕

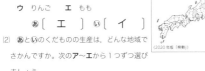
あ □
い ▨
(2018年)
(2020年版「県勢」)

(2) あといのくだものの生産は、どんな地域でさかんですか。次のア～エから１つずつ選びましょう。

ア 水はけのよい盆地　　イ 大きな川が流れている平野
ウ 冬でもあたたかい、山のしゃ面
エ 夏もすずしく、水はけのよい地域

あ〔 ア 〕い〔 ウ 〕

解説 **2**(1) 山梨県や福島県で生産されるのがもも、あたたかい地域で生産されるのがみかんです。

18 畜産がさかんな地域はどこ？ 本文045ページ

1 □にあてはまる語句を書きましょう。

(1) 肉牛や乳牛、ぶた、にわとりを育てて、肉やたまご、牛乳を生産する農業を〔 畜産 〕業といいます。

(2) 乳牛の飼育は〔 北海道 〕でもっともさかんです。

(3) 乳牛を飼育して乳をとり、牛乳やバター、チーズなどをつくることを〔 酪農 〕といいます。

2 次の資料を見て、あとの問いに答えましょう。

資料あ　　　　資料い

資料う ある家畜の飼育数のうちわけ

北海道 20.9%
鹿児島 13.1
宮崎 9.7
熊本 5.1
岩手 3.6
その他 47.6
2018年
(2019/20年版「日本国勢図会」)

(1) 資料あの□□の地域で、資料いの農業がさかんなわけを、次のア～エから１つ選びましょう。〔 エ 〕

ア 大都市に近いから。　　イ 水にめぐまれ、肥えた耕地が多いから。
ウ 夏に雨が多いから。　　エ 広い土地があるから。

(2) 資料うの家畜は何ですか。次のア～エから１つ選びましょう。

ア ぶた　　イ 肉牛　　ウ 乳牛　　エ 肉用にわとり

〔 イ 〕

解説 **2**(2) 北海道が１位で九州南部の県が続くことから、肉牛と判断します。

19 水産業がさかんな地域はどこ？ 本文049ページ

1 〔 〕の中で正しいほうを選びましょう。

(1) 日本の太平洋側を流れている寒流は、〔 親潮（千島海流） ・ リマン海流 〕です。

(2) 日本の日本海側を流れている暖流は、〔 対馬海流 ・ 黒潮（日本海流） 〕です。

(3) 〔 東北地方 ・ 九州地方 〕の太平洋側の沖には暖流と寒流が出合うところがあり、魚のえさが豊富で、よい漁場になっています。

(4) 陸地周辺には、〔 大陸だな ・ 海溝 〕とよばれるゆるやかな斜面の浅い海底が広がり、魚のえさが豊富で、魚が集まります。

2 右の地図と図を見て、次の問いに答えましょう。

(1) 次の文の（ ）の中で正しいほうを選び、記号で答えましょう。

水あげ量の多い漁港は、①（ ア 太平洋　イ 日本海 ）側に多い。また北海道地方や東北地方のほか、②（ ア 近畿　イ 九州 ）地方にも水あげ量の多い漁港が多い。

①〔 ア 〕②〔 イ 〕

日本のおもな漁港
単位：万t
水あげ量が5万t以上の漁港(2016年)
(2019/20年版「日本国勢図会」)

(2) 右の図の大陸だなとよばれる地形では、魚のえさとなる小さい生物が豊富です。これをカタカナ６字で何といいますか。

〔 プランクトン 〕

日本周辺の海底の地形
陸地
海面
約200m
大陸だな

解説 **2**(2) プランクトンは、暖流と寒流が出合う潮目にも多くいます。

20 魚はどうやってとるの？① 本文051ページ

1 〔 〕の中で正しいほうを選びましょう。

(1) あみで魚の群れを囲み、あみの底をとじて引き上げてとる漁法のことを〔 一本づり ・ まきあみ漁 〕といいます。

(2) さんま漁では〔 光 ・ 音 〕に集まってきたところをあみでとります。

(3) 漁船は、〔 魚群探知機 ・ 自動運転機 〕などを利用して、魚が多く集まっているところを見つけています。

(4) 魚がいたまないように、港の近くには〔 冷とう設備 ・ カントリーエレベーター 〕があります。

2 右の資料を見て、問いに答えましょう。

(1) 資料の漁法を正しく説明したものを次のア～ウから１つ選びましょう。

ア 一度に大量にとれる。
イ １ぴきずつていねいにとれる。
ウ 大型船で遠くの海で長期間漁を行う。

〔 ア 〕

資料
あみの底をとじて引きあげる
あみで魚の群れを囲む

(2) 資料の漁法は、どんな魚をとるときに使われますか。次のア～エのうち、正しくないものを１つ選びましょう。

ア あじ　　イ いわし　　ウ まぐろ　　エ さば

〔 ウ 〕

解説 **2**(2) さんまをとる漁法を、ぼう受けあみ漁といいます。

21 魚はどうやってとるの？②

1 〔 〕の中で正しいほうを選びましょう。

(1) 大型船を使い、遠くの海で長期間漁をする漁業を
〔 沿岸漁業 ・ (遠洋漁業) 〕といいます。

(2) 近くの海で、日帰りで漁をする漁業のことを
〔 沖合漁業 ・ (沿岸漁業) 〕といいます。

(3) 日本近海で、数日がかりで漁をする漁業のことを
〔 (沖合漁業) ・ 遠洋漁業 〕といいます。

(4) 水あげされた魚をかまぼこなどに加工する産業を
〔 (水産加工) ・ 養しょく 〕業といいます。

2 かまぼこをつくる工程として正しくなるように、次の写真あ〜うを順番に
ならべかえましょう。

〔 う 〕 → 〔 い 〕 → 〔 あ 〕

 2 かまぼこはすり身工場から運ばれたすり身をねり合わせ、かまぼこ工場でつくられます。

22 魚を育てるってほんと？

1 〔 〕の中で正しいほうを選びましょう。

(1) 魚や貝、海そうなどを、いけすなどの施設を使って育て、大きくなったらとる漁業を〔 (養しょく業) ・ 栽培漁業 〕といいます。

(2) 魚などを施設で育てたあと、川や海に放流して大きく成長してからとる漁業を〔 養しょく業 ・ (栽培漁業) 〕といいます。

(3) 水産資源を守るためには、とる量を〔 増やす ・ (制限する) 〕ことも大切です。

(4) プランクトンが大量発生して〔 (赤潮) ・ 黒潮 〕が起こると、魚が死ぬ被害が出ることもあります。

2 右の資料を見て、次の問いに答えましょう。

(1) 右の資料は「育てる漁業」の1つです。
このような漁業を何といいますか。

〔 栽培漁業 〕

海で大きくなるんだぞ。

(2) 「育てる漁業」は、とる漁業にくらべて、収入が安定するという利点があります。その理由として正しいものを次のア〜エから1つ選びましょう。

ア 遠くの海で数か月〜1年かけて漁をするから。

イ 計画的に出荷できるから。

ウ 海の中の環境をよくするから。

エ 日帰りで漁をするから。 〔 イ 〕

 2 (1) 栽培漁業では、魚を施設で育てたあとに海や川へ放流します。

23 とれた魚のゆくえは？

1 にあてはまる語句を書きましょう。

(1) 漁港に水あげされた魚は、まず〔 魚市場（市場）（卸売市場） 〕に運ばれます。

(2) 漁港に水あげされた魚は、(1)で〔 せり（入札） 〕にかけられて、ねだんが決められたあと、消費地に運ばれます。

(3) 魚は新鮮さを保つために、保冷機能がある〔 トラック 〕で消費地に運ばれます。

2 魚の流通について、次の問いに答えましょう。

(1) とれた魚が消費者にとどくまでには、どんな経路をたどりますか。次のア〜エを順にならべかえましょう。

ア 魚を漁港に水あげする。　　イ 店にならべられる。

ウ 消費地の魚市場のせりにかける。

エ 魚市場のせりでねだんが決められる。

〔 ア → エ → ウ → イ 〕

(2) 魚の流通について正しく説明しているものを次のア〜エから1つ選びましょう。

ア 店にならぶまでは、消費地の魚市場から運ばれる経路と、水あげされた漁港の魚市場から直接運ばれる経路の2通りある。

イ 水あげされた魚は、すぐにトラックにのせて消費地に運ばれる。

ウ せりには魚市場にいるすべての人が参加し、魚のねだんを決める。

エ 店の魚のねだんには、魚市場で売られるときにかかる費用や出荷するときの輸送費はふくまれていない。　　〔 ア 〕

 2 (1) 魚は水あげされたあとに魚市場でせりにかけられます。

24 水産業にはどんな問題がある？

1 にあてはまる数字やことばを書きましょう。

(1) 1970年代から、その国の沿岸から〔 200 〕海里内の水域では、ほかの国の漁業がきびしく制限されるようになりました。

(2) (1)の結果、日本では、遠くの海で漁業をする〔 遠洋 〕漁業はとくに大きなえいきょうを受けました。

2 右のグラフを見て、次の問いに答えましょう。

(1) 現在、漁業の中でもっとも漁かく量が多いのは何ですか。〔 沖合漁業 〕

(2) グラフからわかることとして正しいものを次のア〜エから1つ選びましょう。

ア 沖合漁業の漁かく量は、1970年代がもっとも多かった。

イ 遠洋漁業の漁かく量は、1970年代に急に減った。

ウ 1970年以降、養しょく業の漁かく量は少しずつ減っている。

エ 1990年以降、日本全体の漁かく量は増えている。　〔 イ 〕

(3) 日本の水産業で起こっている問題について、次の文の〔 〕の中で正しいほうを選びましょう。

日本では、近年漁かく量が減っており、海外から多くの水産物を
①〔 (ア 輸入) ・ イ 輸出 〕しています。また、漁業で働く人が
②〔 (ア 減って) ・ イ 増えて 〕いるのも問題となっています。

①〔 ア 〕 ②〔 ア 〕

 2 (2) 遠洋漁業の漁かく量が減った理由の1つは、200海里水域が設定されたことです。

25 日本の食料生産の問題は？

 本文061ページ

1 [　　　　　] にあてはまることばを書きましょう。

(1) 国内で必要な食料のうち、国内生産で足りる食料の割合を [食料自給率] といいます。

(2) 地元でとれた食料を地元で消費することを [地産地消] といいます。

(3) 日本の食料の輸入が多い理由として、外国産の食料は、いっぱんに日本産の食料よりねだんが [安い] ことがあげられます。

2 日本の食料生産について、右の資料を見て、次の問いに答えましょう。

(1) **資料あ**を見て、1960 年から 2017 年の間に、消費量が大きく増えている食料を 2 つ書きましょう。

[牛乳・乳製品] [肉類]

(2) **資料あ**を見て、1960 年から 2017 年の間に、消費量が大きく減っている食料を 1 つ書きましょう。

[米]

資料あ おもな食料の消費量の変化

(2019年版「日本国勢図会」)

(3) **資料い**を見て、日本では、肉類のおよそ何割を外国から輸入していますか。

[およそ 5 割]

(4) **資料い**を見て、次の**ア**〜**ウ**から正しい文を 1 つ選びましょう。

[ア]

ア とうふやみその原料になる食料の自給率は、10%以下である。

イ 米は、国内産で足りないので、半分以上を輸入にたよっている。

ウ 野菜、くだもの、肉類の中で、もっとも自給率が高いのは肉類である。

資料い 日本のおもな食料の自給率

(2017年)（2019・20年版「日本国勢図会」）

解説 **2** (1)(2) 日本人の食生活に洋食が増えたことがえいきょうしています。

---

26 自動車はどのようにつくられるの？

 本文065ページ

1 [　　] の中で正しいほうを選びましょう。

(1) 鉄板から屋根やドアなどをつくることを [**プレス**・とそう] といいます。

(2) 車体の部品をつなぎ合わせて自動車の形をつくることを [プレス・**ようせつ**] といいます。

(3) とりょうをふきつけて [**とそう**・ようせつ] をしたあと、エンジンやシートなどの部品を取りつけます。

(4) 組み立てられた自動車は 1 台 1 台 [**検査**・開発] を行い、すべてに合格すると、自動車は出荷されます。

2 自動車づくりについて、次の問いに答えましょう。

(1) 次の**ア**〜**オ**を、自動車をつくる順番にならべかえたとき、3 番目にくるのはどれですか。写真を参考にして選びましょう。

(Alamy / PPS 通信社)

ア 組み立て　**イ** ようせつ　**ウ** 検査

エ とそう　**オ** プレス

[エ]

(2) 自動車づくりのうち、組み立てとはどんな作業をいいますか。次の**ア**〜**エ**から 1 つ選びましょう。

ア エンジンやシートなどの部品を取りつける。

イ とりょうをふきつける。

ウ 車体の部品をつなぎ合わせる。

エ 鉄板から屋根やドアなどをつくる。

[ア]

解説 **1** (2) ようせつは車体の部品をつなげるときに火花が散るため、ロボットが作業をします。

---

27 自動車づくりのくふうって？

本文067ページ

1 [　　] の中で正しいほうを選びましょう。

(1) とくにきけんな作業が多い [組み立て・**ようせつ**] は、大部分をロボットが行っています。

(2) 組み立て工場では、働く人が役割を分たんして作業を進める [**流れ**・手] 作業を取り入れています。

(3) 自動車の部品は、一定の速度で進む [**ライン**・プレス] の上で作業を分たんして取りつけられています。

2 自動車の部品をつくる工場について、次の問いに答えましょう。

(1) 右の図の（**X**）は、自動車の部品をつくる工場です。これらの工場を何とよびますか。

[関連工場（部品工場）]

(2) （**X**）は、おもにどんなところに建てられていますか。次の**ア**〜**エ**から 1 つ選びましょう。

ア 人口の少ないところ　**イ** 組み立て工場のしき地内

ウ 水のきれいなところ　**エ** 組み立て工場の近く

[エ]

(3) （**X**）の仕事について正しく説明しているものを、次の**ア**〜**ウ**から 1 つ選びましょう。

ア 組み立て工場でつくった部品を組み立てている。

イ 注文された数より多めに部品をつくり、組み立て工場にとどけている。

ウ 不良品を出さないようにしている。

[ウ]

解説 **2** (2) 必要な部品を必要な時間に組み立て工場へとどけるために、近くに建てられています。

---

28 消費者のためにどんな自動車づくりをしているの？

 本文069ページ

1 [　　　　　] にあてはまる語句を書きましょう。

(1) ガソリンと電気の両方を使う自動車のことを [ハイブリッドカー] といいます。

(2) 海外で自動車をはん売する場合、その国に工場を建てて自動車をつくる [現地生産] が行われることがあります。

(3) [燃料電池自動車] は、水素と酸素から電気をつくり、排出ガスをまったく出さないので、空気をよごす心配がありません。

(4) 自動車事故を減らすために、人が操作しなくてもブレーキやハンドルを動かす [自動運転] の技術が開発されています。

2 自動車の輸送と開発について、次の問いに答えましょう。

(1) 自動車が工場でつくられて消費者にとどけられるまでには、どんな輸送手段が使われますか。次の**ア**〜**エ**から 2 つ選びましょう。

ア 航空機　**イ** キャリアカー　**ウ** 船　**エ** 鉄道

[イ] [ウ]

(2) 自動車会社は、消費者が求める自動車を開発しています。次の**ア**〜**エ**のうち、空気をよごさないためのくふうを 2 つ選びましょう。

ア 車いすの人が自由に乗り降りできる。

イ ハイブリッドカーをつくる。

ウ 自動運転で事故を減らす。

エ 燃料電池自動車をつくる。

[イ] [エ]

解説 **2** (1) 自動車は、国内へはおもにキャリアカーという運送用の車で、海外へは船で運ばれます。

29 工業にはどんな種類があるの？
本文 071 ページ

1 ［　　　］にあてはまる語句を書きましょう。

(1) 鉄をつくる製鉄業は，**金属**工業にふくまれます。

(2) パンやチーズ，ジュースなどをつくる工業を**食料品**工業といいます。

(3) 日本の工業の中で生産額が最も多いのは**機械**工業です。

2 次の絵を見て，あとの問いに答えましょう。

A　化学工業　　B　機械工業　　C　金属工業　　D　せんい工業

(1) 次の説明文に合う工業を，上の**A〜D**から1つずつ選びましょう。

ア　パソコンなどの機械をつくる。

イ　石油などから製品をつくる。

ウ　綿糸や化学せんいをつくる。

エ　鉄などをつくる。　　　ア〔　B　〕イ〔　A　〕
　　　　　　　　　　　　　ウ〔　D　〕エ〔　C　〕

(2) 日本の工業の特色について正しく説明したものを，次の**ア〜ウ**から1つ選びましょう。

ア　日本は1960年代には，食料品工業を中心に発展していた。

イ　今の日本では，機械工業や金属工業が大きな割合をしめている。

ウ　せんい工業の割合は，昔より今のほうが高い。　　〔　イ　〕

解説 **2** (2) せんい工業が工業生産額にしめる割合は，今より昔のほうが高い。

---

30 工業のさかんなところは？
本文 073 ページ

1 ［　　　］の中で正しいほうを選びましょう。

(1) 金属工業や化学工業の大工場は，おもに〔（海ぞい）・内陸部〕につくられます。

(2) おもな工業地帯や工業地域は，燃料や原料の輸入に便利な〔（太平洋側）・日本海側〕の海ぞいに集まっています。

(3) 関東地方には〔中京工業地帯・（京浜工業地帯）〕や京葉工業地域が発達しています。

2 日本の工業について，右の地図を見て，次の問いに答えましょう。

(1) 地図中の**A**の地域には，帯のように工業地帯や工業地域が集まっています。この地域のことを何といいますか。

〔　太平洋ベルト　〕

おもな工業地帯・工業地域

(2) 日本の工業地帯・地域のうち，最も生産額が多い工業地帯・地域を，地図中の**B〜E**から1つ選び，記号と工業地帯・地域の名前を書きましょう。

記号〔　C　〕

名前〔　中京工業地帯　〕

(3) 地図中の**B**の工業地域は内陸の高速道路ぞいに広がっています。この理由を工業の種類から簡単に書きましょう。

〔　輸入原料にたよらない，機械工業の工場が多いため。　〕

解説 **2** (1) 太平洋ベルトは関東南部から九州北部までの帯状の地域です。

---

31 工場のきぼと日本の工業の課題は？
本文 075 ページ

1 ［　　　］の中で正しいほうを選びましょう。

(1) 日本の工場数の大部分をしめているのは〔大工場・（中小工場）〕です。

(2) 1つの工場の生産額が多いのは〔（大工場）・中小工場〕です。

(3) 製造業で働く人の数は〔増えて・（減って）〕います。

2 日本の工業の今について，次の問いに答えましょう。

(1) 右のグラフから読み取れることとして正しいものを，次の**ア〜エ**から1つ選びましょう。

ア　大工場の工場数は全体の約1割である。

イ　中小工場は働いている人は多いが，生産額は全体の約半分である。

ウ　大工場の生産額は全体の約3割である。

エ　中小工場の1人あたりの生産額は大工場よりも多い。

〔　イ　〕

中小工場と大工場の割合

大工場 0.9
工場数 36万7999　中小工場 99.1%

働いている人の数 792万人　中小工場 68.6%　大工場 31.4

生産額 322.0兆円　中小工場 48.3%　大工場 51.7

(2017年)　(2019/20年版『日本国勢図会』ほか)

(2) 次の文を読み，①・②にあてはまる語句を書きましょう。

　近年の日本の工業では，社会の変化に合わせた製品づくりに取り組んでいます。少子高齢化で働く人が減少する中，さまざまな場面で人を助ける①〔　ロボット　〕や，昔から使われている②〔　伝統的　〕な技術をいかした新しい製品が開発されています。

解説 **2** (1) 中小工場はきぼが小さいため，大工場と比べて生産額が少なくなっています。

---

32 日本はどんな国と貿易がさかん？
本文 079 ページ

1 ［　　　］の中で正しいほうを選びましょう。

(1) 日本の貨物輸送の割合でとくに多いのは，自動車と〔鉄道・（船）〕です。

(2) 自動車，船，鉄道，飛行機などを使って人やものを運ぶことを〔通行・（運輸）〕といいます。

(3) 日本の貿易相手国で，とくに貿易額が多い国は〔シンガポール・（アメリカ合衆国）〕と中国です。

2 日本の貿易と運輸について，次の問いに答えましょう。

(1) 輸送手段には，おもに①自動車，②鉄道，③船，④飛行機があります。それぞれの輸送手段の特ちょうについて説明しているものを，次の**ア〜エ**から1つずつ選びましょう。

ア　大型のものや重いものを運べるが，時間がかかる。

イ　遠い場所へも速く運べる。

ウ　一度に大量の人やものを運べ，時間に正確で環境にやさしい。

エ　目的地まで，積みかえずに運べる。

①〔　エ　〕②〔　ウ　〕
③〔　ア　〕④〔　イ　〕

(2) 日本の貿易について正しく説明したものを，次の**ア〜ウ**から1つ選びましょう。

ア　中国が最大の輸出相手国である。

イ　アフリカの国々との貿易がとくに多い。

ウ　輸入相手国の1位はアメリカ合衆国である。　　〔　ア　〕

解説 **2** (2) 中国との貿易額は，輸入でも輸出でも第1位となっています。

33 日本の輸出品や輸入品は？

本文081ページ

1 〔　〕の中で正しいほうを選びましょう。

(1) 日本の輸出品のうち，機械類について輸出額が多いのは〔 衣類・**自動車** 〕です。

(2) 日本は，〔 鉄鉱石・**鉄鋼** 〕の輸出もさかんです。

(3) 近年，日本は〔 せんい原料・**機械類** 〕の輸入が増え，それまでの貿易の形が変化しました。

(4) 日本の輸入品のうち，とくに輸入額が多いのは〔 **石油**・衣類 〕と機械類です。

(5) 以前の日本のように，おもに燃料や原料を輸入し，工業製品を輸出する貿易のことを〔 中継・**加工** 〕貿易といいます。

2 右のグラフからわかることを，次のア〜エから1つ選びましょう。

ア 日本は近年，自動車工場を海外につくって，自動車の現地生産を進めている。

イ 近年，アジアの国々からの機械類の輸入が増えてきている。

ウ 輸出品・輸入品ともに，2018年の第1位は機械類である。

エ 石油は，2018年の日本の輸出品の上位5位に入っている。

〔 **ウ** 〕

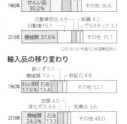

輸出品の移り変わり

1960年：鉄鋼 9.6／船舶 7.1／魚介類 4.3／せんい品 12.2／せんい品 30.2%／その他 36.6

2018年：自動車部品 4.9／自動車 15.1／鉄鋼 4.2／プラスチック 3.1／機械類 37.6%／その他 35.1
(2019/20年版「日本国勢図会」)

輸入品の移り変わり

1960年：鉄くず 5.1／機械類 7.0／鉄鉱石 4.8／せんい原料 17.6%／石油 13.4／その他 52.1

2018年：衣類 4.0／液化ガス 6.6／医療品 3.6／機械類 24.5%／石油 13.3／その他 48.0
(2019/20年版「日本国勢図会」)

解説 **2** アとイはグラフからはわかりません。エはグラフから石油が輸出品上位にないことがわかります。

---

34 貿易にはどんな課題がある？

本文083ページ

1 〔　〕の中で正しいほうを選びましょう。

(1) 貿易をめぐる国と国との対立を，貿易〔 **まさつ**・産業 〕といいます。

(2) 外国の〔 高い・**安い** 〕製品の輸入が増えすぎると，国内の製品が売れなくなるという問題が起こることがあります。

(3) 近年，日本では，外国に工場をつくり，〔 **現地**・日本 〕の人をやとって生産する会社が増えています。

(4) 日本の会社の工場がとくに多いのは，おもに〔 ヨーロッパ・**アジア** 〕の国々です。

2 貿易について，次の問いに答えましょう。

(1) 次の文は，貿易まさつの原因を説明したもので，〔　〕には，輸出・輸入のいずれかがあてはまります。あてはまる語句を書きましょう。

日本がアメリカから①〔 **輸入** 〕する金額よりも，アメリカへ②〔 **輸出** 〕する金額が大きく上回ったことで，貿易まさつが起こった。

(2) 日本国内で産業の空どう化が進んでいるのはなぜですか。その理由として正しいものを次のア〜エから1つ選びましょう。

ア 外国から安い製品が輸入されるため

イ 外国に工場を移す会社が増えたため

ウ 関税をなくして自由な貿易をする動きが大きくなってきたため

エ 働く人の数が減っているため

〔 **イ** 〕

解説 **2** (2) 外国に工場を移す会社が増えると，国内の工場が減り，仕事も減ってしまいます。

---

35 情報にはどんな種類がある？

本文087ページ

1 　　にあてはまる語句を書きましょう。

(1) 情報を伝える方法を **メディア** といいます。

(2) (1)の中でも，テレビや新聞など，一度に多くの人に情報を伝える方法のことを **マスメディア** といいます。

(3) (2)の中でも **ラジオ** は，持ち運びに便利で，電池で動くものは災害などで停電しても使えます。

2 次の絵を見て，あとの問いに答えましょう。

A 　B 　C 　D

(1) 映像と音声で，一度に広い範囲に情報を伝えるメディアはどれですか。

〔 **B** 〕

(2) 音声だけで情報を伝え，作業や車の運転をしながらでも情報を得られるメディアはどれですか。

〔 **D** 〕

(3) 情報を受信するだけではなく，自分から発信することもできるメディアはどれですか。

〔 **C** 〕

(4) 印刷された写真や文字で情報を伝え，切り抜いて保存もできるメディアはどれですか。

〔 **A** 〕

解説 **2** (1)はテレビ，(2)はラジオ，(3)はインターネット，(4)は新聞です。

---

36 ニュース番組はどうやってつくられるの？

本文089ページ

1 次の　　にあてはまる語句を，下の（　）の中から選びましょう。

(1) テレビのニュース番組では，おもに，編集会議でどのニュースを放送するかを決めてから，**記者** やカメラマンが現場などへ行って取材をします。

(2) ニュース番組をつくるときは，映像や原稿だけでなく，画面に表示する **字幕** や図も用意します。

(3) コンビニエンスストアでは，**気象情報** を参考にして，雨の日には晴れの日よりもたくさんのかさが売られています。

(4) 番組のとちゅうなどで流れる広告放送を **コマーシャル** といいます。

（ コマーシャル　記者　字幕　気象情報　選挙報道 ）

2 ニュース番組やテレビ番組について，次の問いに答えましょう。

(1) ニュース番組について正しく説明しているものを，次のア〜エから1つ選びましょう。

ア ニュース番組は，テレビにうつっている人だけでつくられている。

イ ニュース番組で大切なのは，正確さよりも伝える速度である。

ウ ニュース番組をつくるときには，編集会議で放送する内容を決める。

エ 取材した映像は，編集せずにそのまま放送する。 〔 **ウ** 〕

(2) テレビ番組は，わたしたちの生活にえいきょうをあたえることがあります。具体的な例を1つ書きましょう。

〔 選挙報道を見て，選挙でどの候補者に投票するかを決める。 〕

解説 **2** (2)「コマーシャルを見て，商品やサービスを利用することを決める。」などでも正解。

37 新聞はどうやってつくられるの？

本文091ページ

1 次の ◯ にあてはまる語句を，下の（ ）の中から選びましょう。

(1) 新聞は， 配達員 によって家庭にとどけられます。

(2) 新聞社の考えや意見を表す記事を 社説 といいます。

(3) あやまった報道によってきずつけられたり，生活や仕事に不利益を受けたりすることを 報道被害 といいます。

(4) デスクが集まる 編集会議 では，どのような紙面をつくるかを決めています。

（ 編集会議 報道被害 音声 配達員 見出し 社説 ）

2 新聞について，次の問いに答えましょう。

(1) 新聞について正しく説明しているものを，次のア～エから2つ選びましょう。

ア 新聞には，身近な地域の情報はのっていない。

イ 記事の内容にあやまりがないか，確認をしてから印刷する。

ウ 取材した記者が，紙面にのせる内容を決める。

エ 紙面を編集するときは，記事の重要度や見やすさを考えて，記事や写真をどう配置するかを決める。 〔 イ 〕〔 エ 〕

(2) 新聞をつくる際，あやまった報道によってきずつく人や不利益を受ける人がいないように気をつけるほか，どのようなことに注意する必要がありますか。

〔 かたよりのない情報を伝えること。 〕

解説 **2** (2) かたよった情報は，見た人の生活や仕事に混乱を引き起こすことがあります。

38 情報は産業の中でどういかされている？

本文093ページ

1 ◯ にあてはまる語句を書きましょう。

(1) パソコンやスマートフォンなど，多くの情報通信機器を結んで情報のやりとりをするしくみを情報 通信技術 （ICT）といいます。

(2) 医療では，診療所と総合病院が かん者 の症状などの情報を共有して，よりよい治療ができるようにしています。

(3) コンビニエンスストアなどの店では，売れ行きなどの情報を 商品 の管理にいかしています。

(4) 緊急地震速報は，防災無線だけではなく， テレビ やスマートフォンなどで受信して，大きなゆれに備えることができます。

2 次の問いに答えましょう。

(1) 右の図は商品の仕入れに情報をいかすしくみを表したものです。図の①～③にあてはまることばを答えましょう。

① 〔 気象情報 〕 ② 〔 POSシステム 〕
③ 〔 ポイントカード 〕

(2) 医療の情報通信技術の説明として，正しいものを次のア～ウから選びましょう。

ア かん者が別の病院で受けた検査結果は共有されない。

イ 診療所と総合病院がかん者の診察結果などを共有して治療する。

ウ かん者の負担が増えてしまうしくみである。

〔 イ 〕

解説 **2** (2) 情報を共有することで，かん者は少ない負担でよりよい医療を受けられます。

39 情報とくらしの関係は？

本文095ページ

1 ◯ にあてはまる語句を書きましょう。

(1) インターネットを活用し，パソコンやスマートフォンを使って， ホームページ で調べものができます。

(2) インターネットを通じて人とやりとりができるソーシャル・ネットワーキング・サービスのことを，アルファベット3字で SNS といいます。

2 くらしに利用される情報について，次の問いに答えましょう。

(1) 次の①～③の文は，インターネットでできることを説明したものです。それぞれ，何について説明したものですか。下のア～ウから1つずつ選びましょう。

① 文章や画像を遠くの相手にすばやく送ることができる。

② 店に行かずに，自宅で商品を受け取れる。

③ ICカードやスマートフォンで料金の支はらいができる。

ア 電子メール イ インターネットショッピング ウ 電子マネー

① 〔 ア 〕 ② 〔 イ 〕 ③ 〔 ウ 〕

(2) 右のグラフはインターネットのふきゅう率の変化を示したものです。2000年ごろと比べ，2018年のふきゅう率はどうなっていますか。ア・イのいずれかを選びましょう。

ア 増えている イ 減っている

〔 ア 〕

インターネットのふきゅう率の変化

（通信利用動向調査ほか）

解説 **2** (2) インターネットがふきゅうしたことで，さまざまな場面で活用されるようになりました。

40 情報をあつかうときの注意点は？

本文097ページ

1 ◯ にあてはまる語句を書きましょう。

(1) インターネットでは，情報を受け取るときだけでなく，情報を 発信 するときにも，情報のあつかいに気をつけることが必要です。

(2) インターネットでは，住所や電話番号などの 個人情報 をむやみに流さないことが大切です。

2 情報化社会について，次の問いに答えましょう。

(1) ◯ にあてはまる語句を，下の（ ）からそれぞれ選んで書きましょう。

① ダイレクトメール を見て買い物をするときは，それが本当に必要なものかどうか，よく考えてから買うことが大切です。

② インターネットを使うときは，情報機器に悪いえいきょうをあたえるコンピューター ウイルス に感染しないよう，注意することが必要です。

③ さまざまな情報の中から，必要な情報を選んで活用する能力のことを メディアリテラシー といいます。

（ メディアリテラシー ダイレクトメール ウイルス ）

(2) 情報をあつかうときの注意点としてあやまっているものを，次のア～ウから1つ選びましょう。

ア 正確な情報を発信する。 イ むやみに個人情報を流さない。

ウ 他の人がつくったものでも勝手に使ってよい。

〔 ウ 〕

解説 **2** (1) ③ たくさんの情報の中から，自分に必要かそうでないかを判断することが大切です。

41 日本に多い自然災害って？ 本文101ページ

1 　　　　にあてはまる語句を書きましょう。

(1) 2011年に起きた **東日本** 大震災は，東北地方を中心に2万人以上の死者・ゆくえ不明者を出しました。

(2) 1995年に近畿地方で起こった大地震を **阪神・淡路** 大震災といいます。

(3) **津波** は海底で地震が起こったときに発生することがあり，海岸におしよせて被害をあたえます。

(4) 日本は **火山** の噴火が多く，よう岩や火山灰を噴出して家や田畑などに大きな被害が出ることがあります。

(5) 川のはんらんなどによるこう水は，つゆ（梅雨）末期の集中豪雨や，**台風** のときの大雨などによって起こりやすい。

2 右の写真を見て，次の問いに答えましょう。

(1) 写真1は，大雨によって起きた自然災害の様子です。この災害を何といいますか。

〔 **土砂くずれ** 〕

写真1

(2) 写真2は，大きな地震によって海水が持ち上げられて起きた自然災害による被害の様子です。この災害を何といいますか。

〔 **津波** 〕

写真2

解説 **2** (1) 土砂くずれは地震のときに起こることもあります。

42 災害にはどのように備える？ 本文103ページ

1 　　　　にあてはまる語句を書きましょう。

(1) 川の近くなどでは，水害を防ぐために **堤防** が築かれています。

(2) **ハザードマップ（防災マップ）** は，市や町などが災害に備えてつくっている地図です。

(3) 地震による **津波** が起こったときのひなん場所として，津波ひなんタワーをつくっているところがあります。

(4) 災害のときには，電気・ガス・水道などの **ライフライン** が止まってしまうことがあります。

2 次の問いに答えましょう。

日本ではさまざまな自然災害に備える取り組みが行われています。次の①〜③は何の自然災害を防ぐためのものか答えましょう。また，①〜③にあてはまるものを，下の写真A〜Cからそれぞれ選びましょう。

① 津波ひなんタワー　② 堤防　③ 耐震工事

A　　　　　　　B　　　　　　　C

① 自然災害〔 **津波** 〕写真〔 **C** 〕

② 自然災害〔 **水害（こう水）** 〕写真〔 **A** 〕

③ 自然災害〔 **地震** 〕写真〔 **B** 〕

解説 **2** 自然災害が起きたときに被害が少なくなるように，設備を整えるなどのくふうがされています。

43 森林にはどのようなはたらきがある？ 本文105ページ

1 〔　　〕の中で正しいほうを選びましょう。

(1) 日本は，国土の約〔3分の1・**3分の2**〕が森林におおわれています。

(2) 森林には，〔二酸化炭素・**酸素**〕をつくり，空気をきれいにするはたらきがあります。

(3) 森林を増やすため，山に〔**植林**・伐採〕をする取り組みが各地で行われています。

(4) 森林には，〔**水**・光〕をたくわえ，少しずつ川に流すはたらきがあります。

(5) 森林は，根で土を支え，〔**土砂くずれ**・津波〕を防いでいます。

2 生活と森林について，次の問いに答えましょう。

(1) 次の①，②にあてはまる写真を，下のA〜Cから選びましょう。

① 防風林　② 防砂林

A　　　　　　B　　　　　　C

①〔 **C** 〕　②〔 **B** 〕

(2) 森林が魚を育てる理由を説明した次の文を読み，〔　　〕にあてはまる語句を書きましょう。

豊かな森林のある山から栄養分をふくんだ〔 **川** 〕が流れ出し，それが〔 **海** 〕に栄養分を注いでいるため。

解説 **2** (1) ① 風が直接ふきつけないように，家や田畑などの周りを木で囲んでいます。

44 森林を育てる仕事って？ 本文107ページ

1 〔　　〕の中で正しいほうを選びましょう。

(1) 森林のうち，自然のままの森林を〔**天然林**・人工林〕といい，人が育てている森林を〔天然林・**人工林**〕といいます。

(2) 森林を育てる仕事のうち，植林したあと，木の生長をよくするために雑草などをかりとることを〔**下草がり**・間伐〕といいます。

(3) まわりの弱っている木などを切ることを〔下草がり・**間伐**〕といいます。

(4) 近年，林業で働く人の中でも，とくに〔**若い人**・お年寄り〕が少なくなっています。

(5) 日本で必要な木材の多くは〔**外国から輸入**・国内で生産〕されています。

2 林業について，次の問いに答えましょう。

(1) 森林を育てる仕事はどのような順で行われていますか。次のア〜エを順番にならべましょう。

ア　　　　イ　　　　ウ　　　　エ

弱っている木を切るよ。　　　　　　大きくなれよ。　木の生長をよくするためだよ。

〔 **ウ → エ → ア → イ** 〕

(2) (1)のアで，まわりの弱っている木を切るのはなぜですか。かんたんに答えましょう。

〔 **太陽の光がとどくようにするため。** 〕

解説 **2** (1) アは間伐，イは伐採，ウは植林，エは下草がりです。

45 公害ってどんなこと？

本文109ページ

1 次の □ にあてはまる語句を，下の（ ）の中から選びましょう。

(1) 飛行機や工事などの │そう音│ は，人々の生活に被害をあたえる公害の1つです。

(2) 身のまわりの公害の中で，(1)に次いで苦情件数が多いのは │大気│ のよごれです。

（ そう音　ごみ　悪しゅう　大気 ）

2 環境と公害について，次の問いに答えましょう。

(1) 次の①～③の文は，四大公害病の症状を説明したものです。それぞれの症状にあてはまる公害病の名前を，下の（ ）から選んで書きましょう。

　① 工場のけむりにより，はげしいぜんそくが起こる。

　② 工場から出て海を汚染した有機水銀により，手足がしびれ，目や耳が不自由になる。

　③ 鉱山から出たカドミウムにより，全身のはげしいいたみに苦しむ。

（ 水俣病　イタイイタイ病　四日市ぜんそく ）

① 〔 四日市ぜんそく 〕 ② 〔 水俣病 〕
③ 〔 イタイイタイ病 〕

(2) (1)の①～③の公害病が起こった場所を，右の地図中のア～ウからそれぞれ選びましょう。

① 〔 ア 〕 ② 〔 イ 〕
③ 〔 ウ 〕

解説 **2** それぞれの公害病の原因と，起きた場所をおさえておきましょう。

復習テスト ① （本文20～21ページ）

1
(1) 赤道　(2) 1－エ　2－イ
(3) イ

ポイント

(1) 地図に引かれている横の線が緯度を表す緯線で，緯度0度の緯線が赤道です。

(3) 3の大陸は南アメリカ大陸です。アのカナダは北アメリカ大陸，ウのエジプトの大部分はアフリカ大陸，エのフランスはユーラシア大陸にある国です。

2
(1) ①北　②東　③あ－西　い－東
(2) ア，エ（順不同）

ポイント

(1) ②ユーラシア大陸はもっとも大きい大陸です。③日本の東と南には，もっとも大きい海洋の太平洋が広がっています。

(2) ア山地のうち，山のみねがつながって続く山地を山脈といいます。イ日本の国土は，世界でも地震が発生しやすい位置にあります。ウ日本には多くの火山があります。

3
(1) ウ
(2) ① う　② え

ポイント

(1) 木曽山脈は，本州の中央部にそびえる山脈です。

(2) 日本でもっとも長い川は信濃川で，日本でもっとも広い平野は関東平野です。えは利根川です。

4
(1) ア，エ（順不同）
(2) （例）水害から家や田畑を守るため。

ポイント

(1) 高い土地は夏でもすずしいので，すずしい気候にあったキャベツやレタスを夏に栽培しているところがみられます。

(2) 家や田畑のまわりに堤防をめぐらせていることなどから考えましょう。

復習テスト② (本文30〜31ページ)

1
(1) 風−**季節風**　季節−**冬**
(2) **四季（季節）**
(3) **つゆ（梅雨）**　(4) **台風**

ポイント
(1) 図のように，大陸から日本海をわたって季節風がふくのは冬です。夏は太平洋からふきます。
(3) つゆ（梅雨）は，北海道ではみられません。

2
(1) 北海道−**イ，ウ**（順不同）
　　沖縄県−**ア，エ**（順不同）
(2) ① **沖縄県**　② **北海道**
　　③ **沖縄県**　④ **沖縄県**

ポイント
(1) **ア**のさとうきびは，冬でもあたたかい沖縄県と鹿児島県の島々で栽培されている作物です。
　イまどやげんかんを二重にすると，外の寒さが家に入るのを防ぐことができます。
(2) 沖縄県では美しい海や昔は独立した国だった琉球王国の遺跡，北海道ではたくさんふる雪を観光業にいかしています。

3
(1) あ−**ウ**　い−**イ**　う−**ア**
(2) (例) **季節によって風がふく方向が変わる。**
(3) A **季節風**　B **山地**

ポイント
(1) **あ**は日本海側の都市（上越市）で冬の降水量がとくに多いこと，**い**は中央高地の都市（松本市）で年間の降水量が少ないこと，**う**は太平洋側の都市（高知市）で夏の降水量がとくに多いことが特ちょうです。
(2)(3) 日本の気候は，季節風のえいきょうを大きく受けています。

復習テスト③ (本文46〜47ページ)

1
(1) **エ → ア → イ → ウ**
(2) **ウ**　(3) **ウ**

ポイント
(1) 田おこしや代かきをしてから苗を田に植え，稲の生長と天気に合わせて水の管理をします。
(2) 写真は，コンバインを使って稲かりと，同時にだっこく（稲からもみを取ること）をしているところです。
(3) **ア**のトラクターは，土を耕す田おこしや代かきなどに使います。

2
(1) ① **イ**　② **ア**　③ **ウ**
(2) **品種改良**

ポイント
(1) ①たい肥は牛やぶたのふんにょうなどを使った肥料です。②田の形がふぞろいだと，農業機械が使いづらく，作業の効率が落ちます。
(2) 品種改良は米などの農作物や家畜などで行われています。

3
(1) (例) **生産量が消費量を上回って，米があまるようになったから。**
(2) **ア，エ**

ポイント
(1) 米の生産調整は，米の生産量をおさえるための政策です。1960年代後半から人々の米を食べる量が減り，米があまるようになったため，行われました。
(2) **イ**農業で働く人のうちの65才以上の割合は増えています。

4
① **イ**　② **ウ**　③ **ア**

ポイント
② 出荷時期をずらして，ほかの産地からの出荷量が少ない時期に出荷すると高いねだんで売ることができます。

復習テスト④ (本文62~63ページ)

1
(1) ア，イ
(2) まきあみ漁

ポイント

(1) **ウ**日本海側を流れている対馬海流は暖流です。太平洋側には暖流の黒潮（日本海流）と寒流の親潮（千島海流）が流れ，日本海側には暖流の対馬海流と寒流のリマン海流が流れていることを覚えておきましょう。 **エ**大陸だなは陸地周辺の浅い海底地形です。

2
(1) **遠洋漁業**
(2) ア，エ

ポイント

(1) 漁業の種類のうち，沖合漁業は日本近海で数日がかりで漁をする漁業で，沿岸漁業は海岸やその近くの海で日帰りで漁をする漁業です。
(2) **イ**沖合漁業の漁かく量は，1980 年代後半から 1990 年代にかけて大きく減りました。

3
(1) **200**（海里）　(2) **栽培漁業**
(3) イ，ウ

ポイント

(1) 200 海里は約 370km です。
(2) たまごからいけすの中で育てて大きくなったら出荷する養しょく業とまちがえないようにしましょう。
(3) **ア**成長する前の魚は，将来，成長して子どもを増やす可能性があるのでとらないようにすることも大切です。

4
(1) イ　(2) **地産地消**

ポイント

(1) 小麦はパンなどの原料として大切な食料ですが，日本の自給率はとくに低く，大部分を輸入しています。グラフの**ウ**は自給率が高く，ほぼ国内産で足りている米です。

復習テスト⑤ (本文76~77ページ)

1
(1) ① イ　② ア
(2) **関連工場（部品工場）**
(3) **流れ作業**

ポイント

(1) ①ようせつはきけんな作業なので，おもにロボットが使われています。
　②鉄板を適当な大きさに切り，プレス機という機械で圧力をかけて屋根やドアなどをつくります。
(3) ベルトコンベヤーの上で作業をします。

2
(1) **現地生産（海外生産）**
(2) ① ア，ウ　② イ，エ（順不同）

ポイント

(1) 現地生産をすると，その国の産業発展に貢献することができます。
(2) 運転する人や乗る人，地球環境にやさしい自動車をつくるくふうがされています。

3
(1) **太平洋ベルト**
(2) （例）**燃料や原料の輸入に便利だから。**
(3) イ，エ（順不同）　(4) **中京工業地帯**

ポイント

(1) おもに太平洋側に工業地帯や工業地域が帯（ベルト）のように連なっている地域なので，太平洋ベルトといいます。
(2) 海ぞいに工場があると，燃料や原料を船で輸入するのに便利です。また，重い製品を国内外に輸送するのにも便利です。
(3) 石油や鉄鉱石，石炭などの原料を船で輸入しやすい海ぞいに工場がつくられます。

4
(1) ① **機械工業**　② **金属工業**
(2) イ

ポイント

(2) **イ**大工場は大きぼな設備を使って製品をつくるので，1 つの工場の生産額が中小工場よりも多くなります。

1
(1) A－中国（中華人民共和国）
　 B－アメリカ（アメリカ合衆国）
(2) ① 運輸
　　② A－エ　B－ウ　C－ア　D－イ

ポイント

(1) 昔はアメリカが最大の貿易相手国でしたが，現在は中国が最大の貿易相手国です。
(2) ②船は，重くてかさばるもの，飛行機は，小さくて高価なものを輸送するのに向いています。

2
(1) A－エ　B－ア
(2) ① 加工貿易
　　② 機械類

ポイント

(1) 日本で，機械類についで輸出額が多いのは自動車です。また，輸入額で多いのは機械類と石油です。
(2) ①燃料や原料を輸入し，原料を加工して製品を輸出する貿易のことを加工貿易といいます。日本は資源がとぼしいので，このような形の貿易を行ってきましたが，近年は工業製品の輸入が増え，貿易の形が変化しています。

3
(1) ① 貿易まさつ　② 空どう化
(2) （例）**安い日本の製品が売れて，相手国の製品が売れなくなり，産業がおとろえる。**

ポイント

(1) ②労働者の賃金が安い外国へと工場を移す会社が多くなり，国内の工場が減ることで起こります。
(2) 安い輸入品が増えてしまうと，自国でつくられていた製品が売れなくなってしまいます。相手国の輸入が増えて輸出が減る状態が続くと，失業率の増加など，相手国の経済に大きなえいきょうが出ます。

1
(1) メディア（マスメディア）
(2) ① エ　② イ　③ ウ

ポイント

(1) メディアの中でも，テレビや新聞のように，一度に多くの人に情報を伝える方法をマスメディアといいます。
(2) ①インターネットは，国内だけでなく世界各地との情報のやりとりがいつでもできることが特色です。
　　③週ごとや月ごとに発行されることが多いざっしにあてはまります。

2
(1) ① ウ　② ア　③ イ
(2) イ

ポイント

(1) ①情報を発信するときは，相手をきずつけないように気をつけることが大切です。
　　②個人情報とは，名前や住所，電話番号などのことです。自分や他人の個人情報をむやみに流さないようにしましょう。
(2) インターネットには，不確かな情報やまちがった情報も流れています。情報をすべて取り入れるのではなく，自分に必要な情報を選んで活用することが大切です。

3
(1) ゆか－ウ　まさし－イ
(2) （例）**公正に伝えること。**

ポイント

(1) ゆかさんの言っている「できごとについて知っている人に話を聞く」ことは，取材にあたります。また，まさし君のように，ニュースを正確に，わかりやすく伝えることは，アナウンサー（ニュースキャスター）の大切な仕事です。
(2) ニュース番組は，できごとのいろいろな面や人々の意見も伝えて，情報が一方的でかたよることのないよう，公正に報道することが必要です。

1
(1) 二酸化炭素
(2) A－海　B－魚
(3) イ → ア → ウ

ポイント

(1)　二酸化炭素は地球の熱が宇宙に放出される
のを妨げるため，地球が温室のようにあたた
まります。そのため，大気中に二酸化炭素が
増えると地球の気温が上がり，地球温暖化が
進みます。

(2)　森林の多い山では，落ち葉などがくさって
栄養分のある土ができます。森林にふった雨
は，この土の栄養分をふくんで川に流れ，さ
らに海に流れこみます。栄養分の豊富な海で
は魚のえさになるプランクトン(小さい生物)
が増えるので，魚が多く集まります。

(3)　ア間伐は，木と木の間をあけ，太陽の光が
とどいて生長がよくなるようにすることで
す。

2
(1)① 津波　② 阪神・淡路大震災
　　③ イ，エ，オ
(2)① 水俣病　② 水のよごれ

ポイント

(1)　① 2011年3月に，東北地方の太平洋沖を
震源として起こった地震と，それによる災害
を東日本大震災といいます。海底が震源だっ
たため，大きぼな津波が発生し，沿岸部をお
そいました。

　　② Bの地域は兵庫県です。1995年1月に
兵庫県淡路島北部で起こった地震を阪神・淡
路大震災といいます。地震が原因で発生した
火災は，大きな被害をもたらしました。

　　③アの堤防は，津波やこう水による被害を
減らすためにつくられます。

(2)　Cの地域は熊本県・鹿児島県の八代海です。
水俣市の化学工場から出た排水が原因で発生
した公害病を水俣病といいます。